U0528634

—— 作者 ——

P.H. 马修斯

英国语言学家，语言学史家。英国国家学术院院士，剑桥大学圣约翰学院院士。曾任剑桥大学语言学系系主任、教授。以在语言形态学领域的杰出贡献而闻名。主要著作有《形态学：单词结构理论简述》、《美国语法理论：从布龙菲尔德到乔姆斯基》和《牛津简明语言学词典》。

[英国]P.H.马修斯 著　戚焱 译

牛津通识读本·

缤纷的语言学

Linguistics

A Very Short Introduction

译林出版社

图书在版编目（CIP）数据

缤纷的语言学／（英）P.H. 马修斯（P. H. Matthews）著；戚焱译．—南京：译林出版社，2023.1
（牛津通识读本）
书名原文：Linguistics: A Very Short Introduction
ISBN 978-7-5447-9324-7

Ⅰ.①缤… Ⅱ.① P… ②戚… Ⅲ.①语言学 Ⅳ.① H0

中国版本图书馆 CIP 数据核字（2022）第 130474 号

Linguistics: A Very Short Introduction, First Edition by P. H. Matthews
Copyright © P. H. Matthews 2003
Linguistics: A Very Short Introduction, First Edition was originally published in English in 2003. This licensed edition is published by arrangement with Oxford University Press. Yilin Press, Ltd is solely responsible for this Chinese edition from the original work and Oxford University Press shall have no liability for any errors, omissions or inaccuracies or ambiguities in such Chinese edition or for any losses caused by reliance thereon.
Chinese edition copyright © 2023 by Yilin Press, Ltd
All rights reserved.

著作权合同登记号　图字：10-2014-197 号

缤纷的语言学　［英国］P. H. 马修斯／著　戚　焱／译

责任编辑　於　梅
装帧设计　孙逸桐
校　　对　戴小娥
责任印制　董　虎

原文出版　Oxford University Press, 2003
出版发行　译林出版社
地　　址　南京市湖南路 1 号 A 楼
邮　　箱　yilin@yilin.com
网　　址　www.yilin.com
市场热线　025-86633278
排　　版　南京展望文化发展有限公司
印　　刷　南京新世纪联盟印务有限公司
开　　本　850 毫米 ×1168 毫米　1/32
印　　张　4.5
插　　页　4
版　　次　2023 年 1 月第 1 版
印　　次　2023 年 1 月第 1 次印刷
书　　号　ISBN 978-7-5447-9324-7
定　　价　59.50 元

版权所有·侵权必究

译林版图书若有印装错误可向出版社调换。质量热线：025-83658316

序　言

胡壮麟

受南京师范大学张杰院长之托，要为本书写个序。对我来说，在完成此任务的同时，也把它看作一次难得的学习机会；换言之，如果我不阅览全文，也没法写这个序。工作繁忙，难免走马观花，这里只是汇报一下自己肤浅的感想。

本书是一本关于普通语言学的读物。从各章的内容看，涉及语言学研究的任务和内涵、人类的语言、历时语言学、共时语言学、比较语言学、语言系统和句法学、语音学和音系学、神经语言学等专题。显然，在一本小书中，对每个专题不可能讲得很透。为此，阅读者不妨把注意力放在理解有关内容的一些主要观念上，如系统、言语、结构、语族等概念，也就是本书中提出的"元语言"。再具体点说，为了谈论有关语言的问题，我们首先要掌握谈论语言的语言。

既然内容有关普通语言学，在说理和取材举证上，它与一般语言学教材有所不同，如为英语读者编写的语言学教材偏重于枚举英语的例子，为中国学生编写的教材则偏重于汉语的例子。但在本书中，尚有德语、法语、意大利语、希腊语、梵语、拉丁语，乃至吐优卡语的例子。原书作者的用意是很明确的，就普通语言学来说，我们所关心的语言现象或规律应该更具概括性和普遍性，应该在多种语言中比较、归纳和抽象。当然，我们不可能掌握这么多语言，但起码要在立足于本族语和自己学过的一两门外语的基础上，看得更远一些，更广一些。

本书的最大优点是深入浅出，将一些非常复杂深奥的理论和观点娓娓道来，引人入胜。对一些概念和事实能根据不同情况，用地图、表格、图像、肖像等多种方式加以介绍。语言学一类的课程因其对逻辑和分析的强调，往往不太受文科学生欢迎。我印象中最深的是有次上课时有位学生情不自禁地举例说："I hate linguistics!"多么直率！因此如何帮助学生学好语言学有关课程是摆在我们语言学教师面前的艰巨任务。本书作者对这些问题的处理是成功的，值得我们学习。

本书的另一个优点是在作者饶有趣味的叙述中，不时提出一些让我们思考的问题。第一章第一段作者便开门见山地提出"什么是语言学"以及"我们为何要将'科学'一词引入这一领域"。一直到关于"语言与大脑"的最后一章，作者还在发问："从以上观点可以做出许多假设，首先是我们至少可以知道语言控制区所处的位置，即使我们说不清控制的过程，但对于语言控制区的位置，我们到底有多大的把握呢？"读者如能对书中这样的或那样的、过去的或当代的、直接的或间接的问题有所反应，有所思考，并力图找出答案或表达自己的观点，必将是成功的学习者，必将是本书作者所期待的能和他对话的学习者。我深信，读者中能说

"I like linguistics"的同道者还是有的！如果世界上只有一种声音，那么科学研究就会行之不远。如果有多种声音，那么我们就将进入"缤纷的语言学"世界了。

正是在这一点上，我还想多说一句。从全书内容看，本书作者更倾向于采用历史的、文化的、社会的视角来观察和讨论语言问题，但他并没有摒弃心理学家和认知语言学家所做的工作。即使作者并不赞同乔姆斯基的有些观点，他还是采用了讨论式的口吻，甚至在正文间插入了乔姆斯基的照片，这种有容乃大的精神值得我们学习。

翻译本书要求宽博的语言学知识和扎实的中英文功底，这保证了展现在我们面前的是一本译文流畅、意义通达的语言学著作，我就代表读者向本书译者预致谢忱吧。

2008年5月16日
北京大学蓝旗营寓所

目 录

致　谢　1

第一章　语言研究　1

第二章　"语言人"　14

第三章　穿越时空的语言　29

第四章　语　族　46

第五章　语言的多样性　61

第六章　语言是什么　76

第七章　语言的系统性　88

第八章　声　音　99

第九章　语言与大脑　113

译名对照表　126

扩展阅读　131

致 谢

撰写这样一本书当然也需要寻求意见和帮助。戴维·霍金斯、莎拉·霍金斯、戴维·麦克马伦、安娜·莫珀戈·戴维斯、弗朗西斯·诺兰和吕西安娜·施莱希都对本书内容有所贡献,有些贡献甚至是不遗余力的。对于他们的帮助,我深表感激。

第一章
语言研究

什么是**语言学**？词典将其定义为有关语言的学术性研究，或简称为有关语言的"科学"。语言研究者被称为**语言学家**。本书旨在揭示各类语言学家的兴趣所在以及语言的本质。但是我们为何要将"科学"一词引入这一领域呢？

人类语言当然是人类独有的，这么说并不深奥。语言研究者通常只能从自身即局内人入手。我们每个人至少会说一种语言，因此我们是在探讨自己生活的一个中心环节。我们处于有利的位置，因为我们能够认清许多局外人无法意识到的东西。但作为局内人，我们同时也面临着一些障碍。

有些科学家对其他物种的"语言"（我们不由得想要这么称呼）进行了研究。比如，我们知道许多鸟儿唱歌是为了占据地盘，蜜蜂发出声音是为了告诉同伴食物源的地点，还有一些灵长类动物也非"天生"就会喊叫，其中部分喊叫也是后天习得的。秋天，当我在花园里修整花草时，常常被欧洲知更鸟的歌声所吸引。这是唯一一种在非生殖季节拥有领地的鸟类，因此当其他鸟儿默不作声时，它却放声高歌。它的歌声很复杂，由若干段落组成，每段"主题"各异，互不相同，约持续一到两秒。据此，我们不难发现知更鸟歌声的结构,但人类的科学家缺乏足够依据证明这些很小的声音单位包含具体的"意义"。

秋天也是教授们为生活而忙碌的季节。当我准备讲稿时,我的脑海里浮现出这样一个问题:一个局外人该如何解析爱说话的智人发出的各种声音呢?假想一群外星人乘坐飞碟来到地球,对人类进行研究,他们不能用流利的美式英语对我们提问,当然电影中的对白除外。但假设——已经有人做过一些这方面的假设——他们以一种类似人类语言的声频彼此交流,如此一来,他们至少能听到我们在说些什么。他们会发现,我们聚在一起时很少默不作声。有时我们边干活边讲话,如一边烧饭或一边吃饭,一边说话。其他时候,我们除了长时间闲聊,则什么也不干。或许我们只是坐在椅子上,偶尔移动四肢或变换姿势。有时甚至是一群人围坐在一起倾听某个人讲话,就好像教授给一群学生授课。外星科学家可能无法立即读懂这一交际方式。试想,聪明的人类花费了多长时间才最终破解鸟儿的歌声!假如他们拥有类似于人类的洞察力,又将如何分析录下的声音呢?

作为局内人,我们认定言语由单词组成。比如,有人说 *three oranges*,单词 *three* 是一个具有某个意义的词, *oranges* 则是另一个具有不同意义的词。但局外人可能对此不太了解。如果你对此怀有疑虑的话,那么就试着去听一种完全陌生的语言,其停顿通常出现在说话者呼吸或犹豫时,若要进一步划分出更小的单位,则存在一定的难度。因此,就算我们确信该单位的存在,也无法准确判断其起止位置。如果还不是很清楚,可参见下页图1关

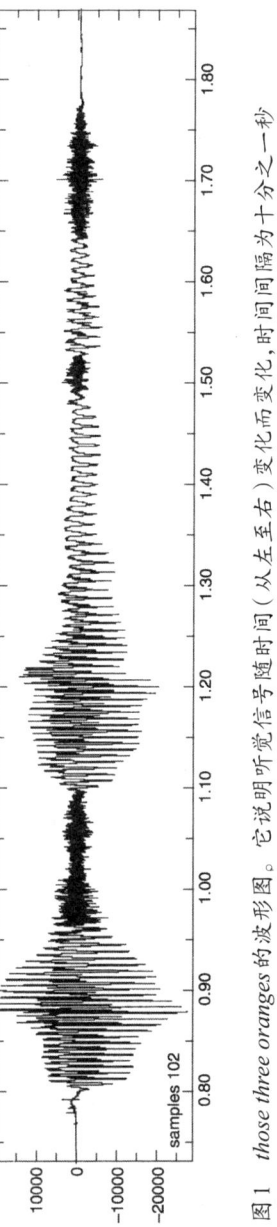

图1 *those three oranges* 的波形图。它说明听觉信号随时间（从左至右）变化而变化，时间间隔为十分之一秒

于在英语中三个连续自然说出的单词的录音。信号差异主要体现在元音与辅音的区别，而词与词之间并没有断开。外星观察家开始似乎只能听到一段不断变化的言语，但又怎能确定其中的某一部分是否具有独立的功能呢？

一种常规方法是在不断重复的信号与观察得到的人类行为之间建立联系。这正是我们在判断其他物种的"报警信号"时所采取的手段。一旦信号发出，听力所及范围内的同伴或躲藏，或上树，或飞走，或奔跑。不过稍加思考后不难发现，语言研究其实很少以这种方式进行。

以一群边喝咖啡边谈话的人为例，其中一人手持咖啡壶问有没有人要再来一些。我们很难预测他提问的具体内容，他可能说的是"有人需要再来一些咖啡吗"，或者"有谁再来一杯"，或者"要再来一杯吗"。作为对这些或者其他提问的回应，有的人会端起杯子让人把咖啡加满，有的人只是摇摇手。提问者讲话时甚至根本不必手持咖啡壶，即使拿着壶，壶也可能是空的。如果有人要加，就去厨房帮他加满；如果没有人要加，对外星观察家而言，则什么也没发生。即使咖啡就在眼前，咖啡壶被人拿着，也不一定就表示要不要添加咖啡。说话者可能是问某人是否记得把咖啡列在购物清单上了。这在日常交流中是很常见的。那么，外星人怎样才能发现言语是由类似**咖啡**这样的单词组成的呢？

对于讲座，外星人更难理解。几乎一直是报告人一个人在讲。即使有人在讲座上发言，通常也是针对报告人，而非其他听众。学生听讲座时大部分时间忙于记笔记。假设一位学生没有理解的话,他为什么要记笔记呢?外星人可能会将此视为有力的佐证,证明人类的言语总体而言并不涵盖具体的"意义"。讲座可能会被视为一种周期性的仪式。在这种仪式上,年纪较长的成员在较年轻的成员面前表现权威。这似乎与我们平常所见的知更鸟占据领地并无多大区别。而我们的布道可能会被他们视为一种更加复杂的"居高临下的仪式"。另外,还有流行音乐会,外星人会觉得观众的地位低于表演者,他们以跳舞、欢呼和鼓掌的方式表示出自己的屈从。外星观察家对讲座、布道、音乐会等形式的观察非常精确,但他们的观点却与实际相差甚远!

作为一个局内人,研究语言具有非常明显的优势。例如,我们起码知道,有些声音是"语言",而另一些却不是。(可以想象,一个局外人得反复揣摩咳嗽和打喷嚏的含义。)我们还知道,语言不是统一的,在相邻的社区以及相近的政治集团中使用的言语不尽相同。因此,语言学应被视为一门关于多种语言的科学。我们知道言语是由具体的、更小的单位所组成,而这些单位又由元音和辅音这样的单位所组成。我们还知道,语言不仅仅是以面对面的形式交流眼前事项的工具,它还被人们用来思维和计算,可以说语言无时不在、无处不在,有时还相当复杂。

如果站在外星人的角度研究人类语言,同样有很多有利条件。而作为局内人,我们应力求做到公正客观。每个人都会说话,每个人都要用语言本身来谈论语言。哲学家所谓的"元语言"即用以谈论语言的语言,通常具有"客观语言"的基本特征。任何一个研究人员都不可能跳出这一循环。在本书中,"我们"代指语言学家。"人们"表示研究主体的集合。任何一处提到的"我们"都是指"人们"。在最后的分析中,"人们"也都是"我们"。例如,知道"bird"用法语说是 *oiseau* 的人们正在像语言学家一样,用某种语言(如英语)来讨论一种语言。

小心意义

让我们进一步分析这个有关法语的表述。*oiseau* 是斜体,这是语言学家在引用单词或词组时的惯例,如 *les oiseaux*("鸟儿们"),*J'ai vu les oiseaux*("我看见了鸟儿们")。另一个惯例是将翻译放在引号中,如 *oiseau*("鸟")。那么,当我们说到"表示'鸟'的那个词",这是什么意思呢?乍一看,这句话直接明了。人们必须谈论世界上不同种类的动物:鸟、虫、蛇等,任何语言必有一词与之对应。不同的语言用不同的词表示"鸟":英语是 *bird*,法语是 *oiseau*,西班牙语是 *pájaro*,等等。但由此产生了一个根深蒂固的谬误,这一谬误直到20世纪才被语言学家和哲学家纠正。我们总是需要借助某种语言来讨论语言,如在英语中有 *bird* 这个单词,它的意思是"鸟"。人们常常在学会该单词前,就已经掌握了它的意义。

这一谬误粗略说来就是,单词是先在事物的名称。下面这段话引自钦定本《圣经·创世记》,描述的是亚当作为伊甸园中唯一的人,如何为与他共同生活的动物取名。

耶和华神用土做成荒野、各种走兽和飞鸟,一一带到亚当面前,他说什么,那个物种就取什么名称。

《创世记》2:19

很多个世纪以来,这段话在基督教盛行的欧洲一直处于语言学思想的中心位置。另一段重要的话有关巴别通天塔的故事,在同一本书中稍后出现。亚当取名的故事将语言的起源阐释为某种在我们周围罗列事物的方式。第二个故事解释了为什么"整个地球"没有使用"同一种语言和同一种言语"。因为上帝为了束缚人类,故意以此来"困惑"大众(11:1—11:9)。

不管起源如何,这种"困惑"始终困扰着我们。不妨从另一角度来讨论 bird 和 oiseau。这两个单词都用了斜体来表示,英语中的 bird 和法语中的 oiseau 均指代一类动物。说英语者用 those birds 表示不同种类的鸟群;而为了表达相同的意思,说法语者则用 ces oiseaux。以上是我们的基本发现,主要涉及单词在不同语言中的使用方式。人们通常使用英语、法语或某种其他语言来表达物体的名称,因此不难达成共识:法语中的 oiseau 可以用英语中某个与之意思相近的词(放在引号中)代替。在英语中,我们用"bird"表示 oiseau,正如在法语中,我们用"oiseau"表示 bird。然而,我们不可强求每种语言中都有某个意义指向一个先在的"鸟"的概念。各种语言之间的主要关联存在于 bird 和 oiseau 之间,存在于在这两个单词和西班牙语 pájaro 之间,如此等等。

从上述观点出发,我们对于词汇意义等值的缺失就不会感到惊讶了。比如,法语学习者都知道,法语中没有一个与英语中的

river相对应的单词。有时可以用 *fleuve*，但多数情况下用 *rivière*。即便用 *rivière*，也无法准确表达英语中 *river* 和 *stream* 之间的细微差别。英、法两国世代为邻，它们的语言存在许多共同点。在这个例子中，我们可以从对应点谈起。但有时明显的相似点却会误导我们。

例如，"母亲"在纳瓦霍语中怎么说？纳瓦霍语（Navajo）这个词的发音与它的另一个写法相同（"**Na-va-ho**"），它是生活在美国西南部地区的一个民族所使用的语言。他们至今拒绝只用英语交流。如我们料想的一样，他们的传统文化尽管与我们的相距甚远，但有一点是相同的，那就是无论是他们还是我们，都是由女子生育出来的。英语中的 *mother* 是指每个人与他/她的母系长辈间的生物学上的关系。可以说，某些"意义"先于相应的单词而被我们人类所感知。

最先研究该民族的人类学家发现，在该民族的语言中，有一个词 *shimá* 对应英语中的 *mother*，但它的基本意思并不是"生物学上的女性家长"。根据加里·维瑟斯本20世纪70年代做的有关记录，该民族特别强调 *shimá* 繁衍和维持生命的行为。只要具有此种行为的生物，就可被称为 *shimá*。在一个对其他人或动物的权利极其敏感的社会中，母系一族的任一成员都是 *shimá*。进一步扩展下去，每一个女性成员都是 *shimá*。这个词常常是有效的：比如，*shimá yázhi* 可以用来翻译 *aunt*（虽然不是每次都可以）。我们甚至可以将 *shimá* 的所指延伸至人类以外，因为不只是人类繁衍和维持生命。玉米田、羊群也是如此，它们也可以被称为shimá。地球本身也是,它也是shimá。

我们感叹道:"啊!当人们说'地球母亲'时,并非说地球是一位真正的母亲。"当然,在英语中,mother的原义是生物学上的女性家长,上述表达方法只是第二位的。词典上通常首先给出单词的基本意义,然后是一系列的引申意义,如其他担当母亲角色的人或许多能够繁殖的物种等。但在纳瓦霍人传统的文化中,地球并不只是一个shimá。用维瑟斯本的话说,它"不但是一位真正的母亲……而且还是一位最伟大的母亲"。因为地球本身是有生命的,它创造了最早的纳瓦霍人,并不断供养它的子孙后代。对shimá在纳瓦霍人语言文化系统中的特定含义,我们仅仅涉及一点"皮毛"。通过对该词的阐释,我们清楚地意识到,不能想当然地认为其他语言中一定存在与我们的母语相对应的单词。同样,我们也不能从单词mother中抽象出一个意义"mother",并用其他意义如"雌性""家长"等来界定这个意义,我们理所当然地认为其他语言已明确将这两个意义与别的意义区分开来。"意义"并非与生俱来或任意存在,它们与文化密切相关,而语言只不过是文化中的一个方面而已。

由此我们得出结论:语言之间存在明显差异。我们应在自身文化和语言的情景中,学会客观地审视语言。在古希腊历史以及《圣经》里,有一种根深蒂固的理念:单词就是名称。因此,我们很自然地认为,正如Mary Smith是某个可见到的人的名字,bird、mother或love也都是某种客观存在的事物的"名称"。同样,人们自然而然地将本族语放在引号中来解释另一种语言的意义。当我们说*oiseau*的"意思是'bird'时",是基于这样一种想法,即有一个意义"bird"摆在那里,这个意义与*oiseau*紧密相关。按此逻辑,*bird*的"意思也是'bird'"。

严格地讲,上面这句话是不是一句废话?我并没有下此结论,否则,许多同行会提出相左的意见。相对于单词或更小的单位(如元音和辅音)来说,意义似乎更加复杂难懂。这些单位是不是一望而能知其意呢?

单　词

我们对于诸如*bird*这样的单位组合视若无睹。毕竟,我们不是外星观察家,我们对于语言的研究已经有了良好的开端。然而,如果不能仔细观察我们的语言,这个良好的开端完全可能是假的。比如,我正在以书面形式讨论语言,因而很容易确定书面语中的每一个单词,如*bird*、*mother*和*oiseau*。这样做没有不当之处,反过来却很愚蠢可笑。同样的做法有时是正确的,有时却失之偏颇。

在英语中,将书面语看作口语表达的指南是欠妥的。*come*中的*ome*与*home*中的*ome*并不押韵;*call*中的元音与*haul*、*bought*中的一样,后两个写出来分别是*au*和*ou*(或*ough*)。因此,有时在字母组合旁附上音标,放在方括号中,作为词典中的发音指南,这一做法有时于学习者大有裨益。在《简明牛津英语词典》里,按照英国南部的读音,*come*和*home*旁分别标注着[kʌm]和[həʊm]。[həʊ]中从[ə]到[ʊ]表示元音从前面往后面移动。

相对于[kʌm]（come）和[kɒl]（col）中的短元音而言，[kɔ:l]（call）中的元音为长元音，其中[:]是长元音的标志，再如，[hɔ:l]（haul）、[bɔ:t]（bought）、[kɔ:k]（cork）、[pɔ:]（pour）中的元音均为长元音。

按照惯例放在方括号中的字母是国际音标（IPA），发明国际音标的目的是为了标注任何一种语言。音标[ʌ]相应地具有绝对意义，与come中的元音非常相似。国际音标本身只不过是一种书写体系。我们稍不留心就以为每个单词都能被单独标注。例如，句子She will come由三个单词组成：She（[ʃi:]）、will（[wɪl]）和come（[kʌm]）。在She'll come中，"will"的音标变为[l]（'ll），这样还能算是三个单词吗？

另一种是把She'll看作一个词，用音标标注为[ʃi:l]，与[fi:l]（feel）相似。持相反意见的人认为，单词中的撇号说明，'ll是单词will的缩写。下面以blackberry为例，它写作black和berry，显然是两个单独的词，如词组a black berry（"一个黑色的莓子"）。那么为什么现在变成一个单词而不是两个单词呢？事实上，作为单个的单词，berry的相对重音在第一个音节。在表示"黑色的莓子"时这两个单词的音标为['blak 'bɛrɪ]。值得一提的是，国际音标中的重音符号是[ˈ]，该符号出现在black和ber-上。在blackberry中，black的重音更强，而ber-在很多情况下失去[ɛ]这个音，取而代之的是元音[ə]（专业术语为"非重央元音"），它常常出现在非重读音节中，如['blakbərɪ]。[ə]与['bʌtə]（butter）中的第二个元音相似。而ber-有时元音缺失，这个单词就发作

[ˈblakbrɪ]。此时,"*berry*"可被看作元音弱化。事实上,我们在拼写单词时常常前后矛盾。如 *hot dog* 并非总是拼成 *hotdog*([ˈhɒtdɒg]),*monkey puzzle* 也不总是写成 *monkeypuzzle*。还有,*boyfriend*([ˈbɔɪfrɛnd])也就没有必要一定写作 *boy friend* 了。

现在假想在你面前有一种没人书写过的语言,其中有几个意思与 *She'll come*、*They arrived* 和 *I'll have eaten* 相近的表达法。这些表达法分别应该算作几个单词呢?显然,不能根据英文翻译来推断,因为这些表达法可能分别只对应一个单词,而在英语中用到的单词数量却不相同。类似的问题常常困扰着欧洲传教士和行政官员。他们在书写非洲南部的语言或者其他什么语言时往往对单词的划分把握不准。事实上,即使他们书写的语言非常相似,其中有些人倾向于聚合,其他人则倾向于区分。由此可见,语言学家所面临的主要任务之一就是明确"单词"的定义及其划分依据。

作为一门"科学"的语言学

"科学地"研究一门语言,意味着在接受专业训练前,至少不应培养一种毫无批判地、"不科学地"接纳一切事物的思维方式。我们应尽可能客观地评价每一种语言以及所有语言的本质。做到这一点虽然很难,却非常有意义。

"科学"含义广泛,大学里通常将之与"文科"或"人文学科"相对应。"科学家"往往专注于技术革新和创造发明,他们整天泡在实验室里,运用崭新、昂贵的器皿,反复进行实验,最后总结出一些高深莫测的理论。相反，"文科"研究者则通常在图书馆查阅资料，伏案苦读，整合知识，运用推断能力，形成独树一帜的见解。大部分学生在进入大学前，就确定了将来的研究方向。当获得学位时，另一扇门对他们已基本关闭。

语言学则将两者有机结合在一起。显然，它具有"文科"的一面，因为它与其他的人文学科紧密联系。比如，一些语言学家是研究语言发展的历史学家，而另一些则更接近于哲学家。语言学和"社会科学"密不可分，尤其与社会学和人类学关系密切。同时，它还具有"科学"的一面，主要体现在声学及声音的产生和感知上。许多跨入大学校门的新生对于学习现代语言只是懵懵懂懂，不知道究竟意味着什么，往往两三年后才意识到他们对语言学是如此着迷。

其实，划分"科学"和"人文学科"之间的界限并没有太大的意义，因为语言研究不过是一门由局内人自身实践、关于"人类"核心问题的"科学"而已。

第二章

"语言人"

　　语言学家认为"理智"且"博学"的智人首先是作为语言人，即会"说话"的物种而出现的，因为人类与其他物种最明显的区别就在于语言。

　　黑猩猩和大猩猩与人类关系最为密切，接下来要数其他不同种类的猿和其他灵长类动物。我们可从电视上看到它们的行为举止或听到它们发出的嘈杂叫声。总的来说，它们的发音单调乏味。此外，它们还通过诸如面部表情、手臂运动、触摸等其他方式进行交流，在这一点上与人类极其相似。它们与人类的最大区别在于语言方面。图2中一只母黑猩猩正在从另一只黑猩猩的毛发中挑拣扁虱和虫子。灵长类动物学家将此行为称为"整饰"。整饰的主体和对象是由动物之间的地位及其社会关系所决定的。不妨以两个关系较为亲密的女人作比。她们一起做饭，这么做本身可被看作友情的一部分。而在整个过程中，她们不会一言不发。如果已婚的话，话题可能是丈夫和孩子，甚至计划一次海滨之旅或讨论其他与手头干的活毫不相关的话题。如果说黑猩猩的社会微结构通过整饰来维持，那么"语言人"的社会则首先由言语来维系。

这种对我们有重要意义的行为究竟源于什么呢？人的种类还包括现已灭绝的早期人种：能人。化石证据表明，他们大约于250万年前生活在非洲的东部和南部。更早些的化石是"人科动物"（一种与猿相比更接近人的灵长类动物）的。因此不难推断，用声音来交际的方式并不仅仅存在于人类或距离人类最近的物种之中。不过，它的发展极其迅速。根据所谓的"分子钟"推算，人科动物与黑猩猩于500万年至800万年前分离开来。从整个人类的进化史来看，这段时间并不算长，而我们所讨论的正是产生于这一阶段并生存下来的物种。使语言得以产生

图2 黑猩猩的整饰

的那些变化究竟是逐渐发生的还是突然发生的？它们存在哪些有利或不利方面？对于所发生的一切，我们究竟能够了解或猜测到多少呢？

言语结构

语言是有声的。确切地说，最初它就是一种有声的形式。一种动物叽喳作声，传递讯息，自然不可能被食肉动物灭绝。语言就是由此叽喳之声演变而来的。在过去的5 000年里，产生了书面语。现代社会的书面语已然形成了独立的体系。如今，在所谓"文明"或"发达"的国家里，仍有许多人不识字。我们常被称为会"说话"的物种，而不仅仅是能"写字"的物种，即"书写人"。

因此，我们应格外小心，不可将言语特征简单等同于某种书写体系的表征。相反，它往往与某些非言语行为紧密结合在一起。人们说话时，有时微笑，有时皱眉，有时招手或指向谈论的东西，有时摇头或手头干着其他事情。如图3所示，尽管做这个手势的人并没有恶意，但它在不同国家含义迥然不同。言语本身音量可大可小，语速可急可缓，音高可高可低。假想彼得正在外面玩耍，这时妈妈喊他的名字。他听到妈妈的喊声，却毫不在乎，不做任何反应。接着，妈妈可能会用一种更加紧急的声调重复他的名字：音量加大，元音拖长，元音音高平缓，或整体音高降低。声调好比"整饰"，对于维系家庭成员及朋友间的联系起着举足轻重的作用。与熟人交谈时，话语在音高、节奏和音量等方面常常能够协调到某个合适的位置，使人听起来舒心悦耳。例如，小说和

图3 一个手势。某人不耐烦地招手："过来！快点！"然而，在所有国家，所有情况下，这个手势的含义都一样吗？

电影剧本总是最大限度地彰显这些特征。然而，最重要的部分是书面语与言语之间的共同之处。

最明显的一点是言语由单词组成。更宽泛地说，言语结构根据不同意义对不同单位加以区分。例如，*Peter* 一词可在不同组合中表示同一个人：在 *She likes Peter* 中，出现在 *likes* 之后；在 *She looked at Peter* 中，出现在 *at* 之后；在 *Peter likes her* 中，则出现在 *likes* 之前。

同样，单词自身也有结构。例如，*Peter*由辅音[p]（*p*）接元音[iː]（*e*），再接[t]（*t*）和[ə]（*er*）构成，加上重音，音标为[ˈpiːtə]。这些更小的单位还能形成其他组合：比如就[p]来说，后面接[ɪ]组成[pɪt]（*pit*），前面加[iː]是[hiːp]（*heap*），前面加[ɒ]后面接[ə]为[ˈkɒpə]（*copper*）。但有一点值得注意，以上提及的单位本身均无独立意义。所以说，语言由两层结构组成：一层是形成特定组合的有意义的单位，另一层是更小的、本身没有任何意义的单位。

类似于此的话语结构似乎并非从黑猩猩或其他现有的灵长类动物演变而来。然而，它却是我们人类高效交流体系的关键所在。

我们可以通过假设一种更加简单的体系来体会它的重要性。新的体系既没有"单词"也没有像元音和辅音这样的单位。人们说话无须很多努力：说出的话与其他灵长类动物的"叫声"无甚区别。如果真是这样，这些话语所能传达的意义就极其有限了。

叫声本身可能会非常复杂。例如，某个人会指着另一个人发出低音的咆哮，接着音高上扬，这可能意味着"他"或"她"病了。为了表示"他"或"她"调皮，这个人则会发出高音的咯咯的笑。这个人如果自己感到不舒服，可能在发出一连串咆哮声后连着一声叹息。各种叫声间的区别主要在于整体的差异。如最后一例中一连串的咆哮声并不是代表"我"；同样，叹息也不代表"病了"，因为这个人在表达"他"或"她"生病的时候并没有发出叹息。

上述体系对于意义表达是否有效呢？相对于灵长类动物的叫声，它所涉及的范围要宽泛得多。那么如何区分不同种类的叫声呢？原则上，可以依赖一些细微差异：比如，有些咆哮音高较高，持续时间较长，另外一些则达到五次或六次。如果仅仅找出区别，似乎意义不大，关键要保证各种叫声不能相互混淆。区别越小，越是容易混淆。比如，青少年的低音咆哮可能被误认为是成年人的高音咆哮。另一解决办法就是使叫声拉长或复杂化。但如果那样的话，又面临着问题，因为叫声不可能复杂到接近真实语言的情形。特别考虑一下警告：这在其他物种听来就是"报警信号"。它们应清晰而简洁。显然，一声提示附近有危险动物（灵长类动物的叫声大约就是这个意思）的叫声要比连续几声提示远处草丛中有一只雌狮或前面有六只鬣狗的叫声更加有效，因为后者需要花费较长时间，结果往往会延误了判断。

另一可能（对我们来说）是用不同的"单词"来表示雌狮、草地等。假想一种与语言类似的体系，但其中的单词却并非由元音和辅音这样更小的单位所组成。*Peter is sick* 由下面两部分组成：低音咆哮（"Peter"）和痴笑（"sick"）。如要表达 *Mary is happy*，可以用吠叫（"Mary"）加上口哨（"happy"）。表示 *Peter is not sick*，不妨在最前面加上升调的咆哮，整个句子由三个部分组成：升调咆哮＋低音咆哮＋痴笑。同样，*Mary is not happy* 可以分解为：升调咆哮＋吠叫＋口哨。以上所有叫声均不可再细分为更小的单位，如 *Peter* 中的 [p] 或 [i:]，因此无法重新组合成新的单词。

我们将此视为一大明显进步。问题是如果词汇量太大，很可能会出现互相混淆的情况。为了区分下面几句话：彼得病了，婴儿正在啼哭和他哥哥外出打猎了，该体系需要多少咆哮声、吠叫声或口哨声来表达呢？在词汇量不是那么大的情况下，又该如何表达呢？

我们不必寻找上述问题的答案，因为现有的语言体系更加完美。诸如 sick 和 happy 等单位由无数更小更短的单位组成。[sɪk]（sick）中的元音和辅音重新排序可以组成[kɪs]（kiss），这里方括号中的是单词的国际音标。[bɪˈləʊ]（below）中的重音[ˈ]若转移便会变为[ˈbɪləʊ]（billow）。然而，英语中的音标并非任意组合的，如[sk]可以出现在词首（skin 或 skill），而[ks]则不行。由于可能的组合数量太多，因此并不是每个都有意义，比如 sick 和 zip 各取部分组成的 zick 就没有意义。值得注意的是，这些较小的单位本身并没有意义。sick、zip 等单词中都包含同样的元音[ɪ]（i），但它的作用仅仅在于区别于其他单词，如 sick 有别于[sɒk]（sock），kiss 不同于[kʌs]（cuss），billow 区别于[ˈbɛləʊ]（bellow）等。通常，整个单词的意义与某个元音或辅音没有任何关系。

冗　余

上述特征非常重要，因为它确保了言语结构必然是"冗余的"。如果工程师建桥时使用的材料多于所需最少材料的话，那么桥的物理结构就是冗余的。然而，冗余也有优点，如果某个部分破裂或爆裂，桥也不会倒塌。冗余同样存在于计算机硬件当中：即使当线路出现不可避免的问题时，它们仍可正常运行。语言冗余的长处是言语几乎不会被误解，较小的单位如[s]和[ɪ]均起着举足轻重的作用。

有种观点根深蒂固，认为有一种"语言"的词汇形式能够系统地反映意义。英语中一些以gl开头的单词如glow、gleam、glitter和glare均表示与光线有关的现象。然而，这一规则却存在很多特例，许多不是以gl开头的单词，如shine、dazzle也表达相同的意义；而另一些以gl开头的单词，如glove和gloat却与光线毫不相关。下面，不妨让我们假设存在着一种体系，在这种体系中，形式和意义之间存在着某种必然的联系。

从下页方框中的例词可略见一斑。若某词指代具体物体，则以n打头；若指代抽象概念，则以m打头。第一个元音e出现在表示植物的单词中，接下来的b说明这些植物是可食用的。方框中所有单词均以neb开头，区别在于表示一般意义的蔬菜（a）和水果（e），表示鳞茎蔬菜（p）和绿叶蔬菜（t），表示无核水果（s）和有核水果（f），只有末尾的元音才能将不同单词区分开来。事实上，上述体系并非毫无根据的想象，而是17世纪乔治·达尔加诺所设计的项目的一部分。相对于目前使用的语言体系，它显然略逊一筹。假设某人在一个嘈杂的市场打算购买蔬菜和水果。他原本想要一公斤洋葱（nebapa），一旦该词的某个元音或辅音搞错，就可能变成一公斤大蒜（nebape）或是籽苗（nebata）。类似的问题在现实生活中根本不会发生。就英语中对应的单词而言，只有strawberry和raspberry有部分相似，两词都以[bərɪ]或[brɪ]

结尾。将一公斤洋葱（*a kilo of onions* [ˈʌnjənz]）与一公斤大蒜（*a kilo of garlic* [ˈgɑ:lɪk]）混为一谈的可能性微乎其微。

单词为什么不像这样？

nebapa	"洋葱"	nebesa	"草莓"
nebape	"大蒜"	nebese	"木莓"
nebapi	"韭菜"	nebesi	"葡萄"
nebata	"籽苗"	nebefa	"樱桃"
nebate	"卷心菜"	nebefe	"李子"
nebati	"菠菜"	nebefi	"杏子"

在实际语言使用中，词序排列没有遵循一定的原则；同样，单词内部的元音、辅音组合亦无章可循。这就意味着冗余的程度增加了。以词组 *a bad meal* 为例，在一般情况下，如果说得快的话，*bad* 中的[d]和 *meal* 中的[m]会重叠。如果不相信，可以对着镜子，看看你的嘴唇何时合拢。尽管发出的是[d]，但听到的往往是[m]、[t]或其他辅音；有时甚至什么也听不见。总之，不可能是 *a* [bam] *meal*，因为英语中根本没有 *bam* 这个词；也不可能是 *a* [ba] *meal*，因为不仅没有[ba]这个词，而且在任何情况下，单词都不会以[a]结尾，而不接末尾辅音；也不可能是 *a* [bat] *meal*，因为尽管存在 *bat* 这个词，但出现在此组合中却没有任何意义。即使[d]不发音，可能的组合只能是 *a* [bad] *meal*。

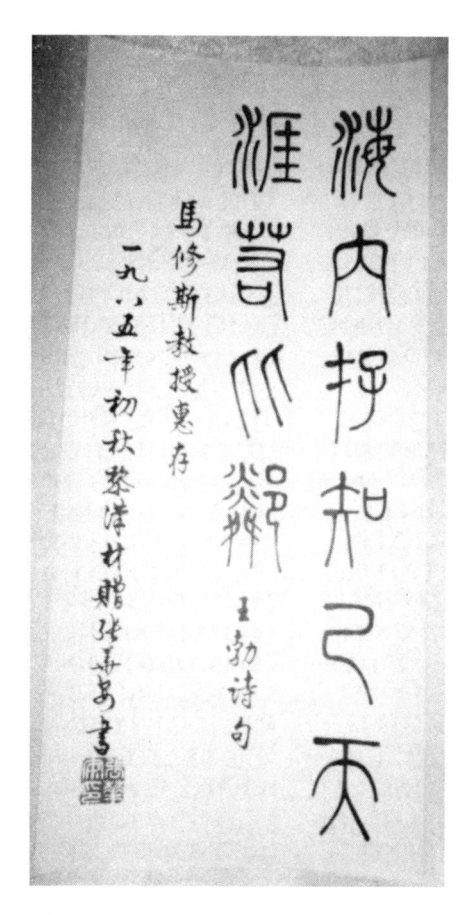

图4 一幅汉语的卷轴。该"篆书"的主要内容是7世纪著名诗人王勃的两句诗,这两句诗组成了一副对联。我们应从上到下、从右至左来读,其中每个汉字均具有独立的意义:上联——海内("四海之内")存("有")知己("欣赏自己的人"),下联——天涯("即使远在天边")若("好像")比邻("邻居")。文字简洁对仗,寓意深刻,这种文学风格是王勃的那个时代所推崇的。这句话的意思可以理解为:"只要"X(上联),"就"Y(下联)。这句话的意思是:"只要有真正的朋友,即使远在天边,也感觉像邻居一样近。"这副对联是一位中国访问学者赠予我(一个无知的西方人)的

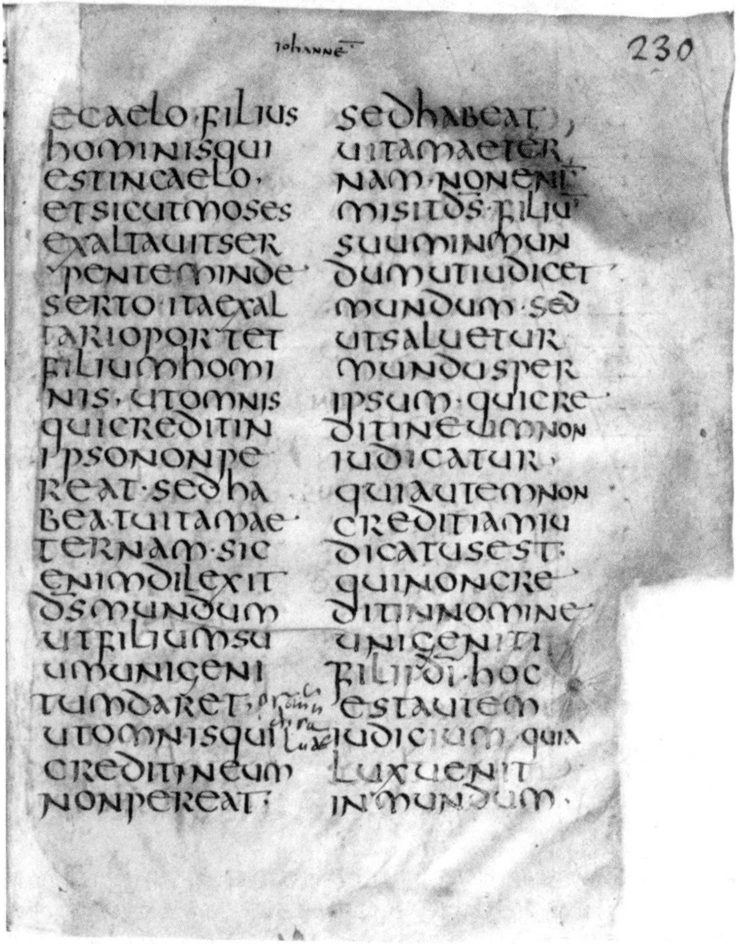

图5 拉丁语《圣经》中的一页。第一栏第十至第十三行标点符号之间的句子是：*ut omnis / qui credit in / ipso non pe / reat*，意思是："每一个笃信他的人都不会死亡"。注意最后一个词被两行断开（*pereat* 意为"会死亡"）。该手稿为"安色尔"字体，写于7世纪，现藏于梵蒂冈图书馆

语言的冗余非常明显，书写体系只能揭示其部分的结构特征。读者必须能够识别不同的单词，不过单词总是作为整体出现。在算术中即是如此，比如2（读作[tu:]）＋（读作[plʌs]）3（读作[θri:]）。尽管每个汉字都很复杂（见图4），汉语体系也建立在此基础之上。其他语言体系基本能够描述出组成单词的更小单位，如字母。现代的书写体系通过单词之间的空格来区分一个个单词。这些空格严格说来不一定是必要的，却帮了大忙。图5阐明了拉丁语和希腊语在某几个世纪的书写方式——单词都被挤在了一起。正是由于语言结构的冗余，才使得我们仍然能够慢慢地将其高声朗读出来。

"语言人"是如何进化的

我们对于语言的起源，究竟知道多少？有一种理论认为，语言源自相关种族之间社会行为的"整饰"（图2）。由于许多灵长类动物的社会团体规模较小，"整饰"便成为一种形成和维持社会关系的有效途径。相反，人类社会规模较大，在其不断壮大的过程中，相互关系的维系主要是通过复杂的言语行为方式。"语言"成为维系社会的有效手段。

然而，"语言"二字必须加上引号，因为言语行为的复杂形式并非都在我们谈论的语言范畴之内。另外，类似语言的交际形式如果从一开始就起作用的话，那么在接下来的演变过程中便具有更多的其他功能。语言没有明显的同源现象，也很难将其与其他灵长类动物的叫声做类比——不是在我们现在所讨论的加了引号的情形下。同源现象体现在具有相同进化源的类似器官上：如人类的臂膀与四足动物的前腿。另外，同源现象还存在于行为中，比如灵长类动物的叫声——灵长类的某些动物在很早之前就与人类和黑猩猩走上了不同的进化道路。同源现象还表现在进化源不同但具有类似功能的部位上，比如蝙蝠的翅膀与鸟儿的翅膀。根本问题在于，就语言的同源现象而言，我们找不到任何可以帮助我们理解的相似点。因此我们很难排除任何可疑的理论。有人甚至提出语言产生于某些复杂的手势，这些手势逐渐演变为言语形式。

另一个值得深思的问题是，我们首先关注的是哪种进化。毫无疑问，其他物种的行为部分由遗传而得，部分来自经验，如不同猴群表现出截然不同的行为特征。除此之外，基因的进化也起着举足轻重的作用。具有某种行为特征的个体具有较强的生殖能力；它们的后代获得遗传基因后，同样具有相似的行为特征，如此反复，一代一代相传下去。

我们作为局内人，学习语言时能够充分意识到哪些知识只能通过经验来获得。如果我说英语，那是因为在成长过程中，我身边的人都讲英语。假如一对说英语的夫妇的孩子被一对说法语的夫妇收养并带到法国，那么这个孩子就会说法语，而不是英语，即使他的基因不变。人类并非"天生"就会讲英语、法语或其他某一社区的某种言语。接下来，我们的问题是，这是否就是全部的情况。语言通常与基因无关，而是"文化的"进化和人类社会不断交往的产物。尽管如此，言语结构在多大程度上受到了基因遗传的影响呢？

回答这个问题可以从两个不同的方面入手,可是这两个方面都不易入手。第一,我们可以从儿童如何学习语言这个方面入手。儿童的语言发展能被看作完全是通过经验而习得的吗？诺姆·乔姆斯基给出的答案是否定的。他认为,言语发展的关键期很短,但一般儿童都能成功习得。语言的发展极其复杂,尤其表现在单词的组合模式方面。不同语言之间虽然存在很大差异,但某些模式总是很难掌握。严格说来,它们能被学会吗？儿童的语言学习经验无非是他们听到的周围人的讲话（包括周围人对他们的讲话),以及人们对儿童自己所讲的话的反应。显然,这种"学习"不可等同于系统的"教学"。而成年人不仅知道单词该如何组合,而且知道什么样的组合是不存在的。我们从经验中能够做出这样的推断吗？

乔姆斯基及其追随者对上述问题的回答是否定的。他们认为,人的大脑中存在一整套与生俱来而非后天习得的抽象的语言机制。因此,儿童的语言发展取决于经验的输入与内部语言结构机制的交互作用。

如果上述论断正确的话,需要解决的根本问题就变为这些结构机制是如何通过基因变异而不断进化的。"类似语言的"行为很可能从较早的人种演变而来,如生活在石器时代的能人。然而,就我们所知,语言最早从智人发展而来。一种较为可信的观点认为,语言最初出现于一群被古生物学家称为"现代解剖人"的人种当中。该人种可追溯到大约10万年前,后来逐渐取代其他人种,将有现代结构的语言传播到世界各地。由于语言的进化十分短暂,有人走向了极端,认为语言的进化是基因突变的结果。

第二,我们可以试图推测语言是否经由文化发展而演变。方法之一是运行人们在特定情景中互相交往的电脑模拟模型。如此一来,可能带来两方面的内在压力:一是增加信息传递的种类,二是缩短信息长度同时使冗余最大化。人口虽然在不断变化,但可以通过设置使得语言系统最轻易地被新成员接受,因而,电脑模拟适用于一代又一代人。剩下的问题是,为了完善交际,语言及其某些特征究竟能够进化到何种程度。例如,一种模拟方式显示元音可能出现过三类差异,即[i]类音、[u]类音和[a]类音。

语言的产生究竟是一次还是多次的?这个问题常常被问起,如果答案是遗传基因的迅速变异,那么单次起源的假设就会令人信服。相反,若强调文化的进化,"一次"起源说则站不住脚。在欧洲,我们的最后一个近亲要算尼安德特人,他们几万年前就已灭绝了。严格来讲,尼安德特人根本没有"语言",20世纪70年代的研究发现,尼安德特人的器官不能区分类似我们语言中的元音。而宽泛说来,依据一些考古学证据,我们可以合理地推测,尼安德特人是有语言的。另一种可能是语言的一些普遍特征迫于交际压力,最先出现在不同的人群中。

"研究人类最好由人开始。"亚历山大·蒲伯说。词句有时会与语境脱离开来(《人论》,II,2),"别指望上帝会替人类审视"。对许多语言学家而言,最好的研究就是从现有语言的结构入手。要想探究语言的进化过程,无疑是一种奢望。但是对这一问题的思索至少可以让我们认识到人类远远优于其他物种的一大原因。

第三章

穿越时空的语言

人们使用的词汇随着时间的变化而不断改变，如 grotty 最初出现于20世纪60年代，现在已逐渐被大部分英国人接受了。gay 作为"同性恋者"解释，源于监狱俚语，20世纪50年代在《牛津英语词典》中被定义为"一个美国的委婉语"。自那以后，新的释义逐渐被人们采用，甚至在许多老年人的言语中也能发现它。当他们年轻时，该词仅仅出现在词组 gay bachelor 中或是华兹华斯描写水仙花的诗歌中（"A poet cannot but be gay"）。20世纪四五十年代，英国年轻人把 wireless 或 wireless set 看作两个极其普通的单词，意思是"收音机"。然而，现在人们却用得越来越少，即使那些过去用得很多的人，现在也几乎不用 wireless set 这个说法了。

言语的变化远不止于此。老电影《相见恨晚》中的口音，以及内维尔·张伯伦发表的"二战"宣战通告，如果由现代人说出来，听起来会觉得非常别扭。从长期来看，我们可以研究反映早期言语的书面文本。以上均说明了每一种语言都在变化，而且变化多端，有些说话方式甚至变得面目全非。

中世纪英语和古英语的句子

I have sent you diverse messages and writings, and I had never answer again.

（中世纪后期的英语。选自15世纪中期，多萝西·普朗普顿写给父亲的一封信。单词拼写按现代标准做了适当的改动。"中世纪英语"指大约1100年至1500年间所使用的英语。）

Þu ure fæder Þe eart on heofonum sy Þin nama ʒehalʒod.

（古英语。1000年左右人们在对上帝祈祷时的首句用语。*heofonum* 的发音类似现代英语中的"hair-von-oom"，用国际音标可被标注为［ˈheəvɔnum］。第一个词 Þu（［θu:］）是 *thou* 的早期形式，与德语中的 *du* 相似。sy（［sy:］）相当于动词"to be"（即"be thy name hallowed"）的适当形式。"古英语"指1100年之前的英语文本，具体来说，指在说法语的诺曼人1066年占领英国前的英语文本。）

看看上面方框中的第一句话。显然这是一个英语句子，它不需要翻译。如果由写信人亲自念出，相信我们都能理解其主要的意思。但是，有些地方并不符合现代英语的表达方式，如果她现在还活着，她就不会使用 *diverse* 这个词，*message* 也不再指代通过通信员传递的口头信息，*again* 也没有"回复"的意思了。另外，整个句子的词序也会有所不同。had 应在 never 之后：*I never had*。更加地道的表达法为：*I have never had*。*answer* 前应加上某些前置修饰词（比如an）：*have never had an answer*或*have never had any answer*。不管怎样，这封信（这样的信还有很多）在那个时代具有典型的代表意义。

第二句话同样是一句英语，因为现代英语从那时起经过一千多年逐渐演变而来。不难看出，*heofonum*是*heaven*或*heavens*的前身，而现在几乎要弃之不用的词*hallowed*则从ʒehalʒod发展而来。解读古英语必须像学习德语那样认真研读它。恐怕只有做好充分准备的专家才有一线希望能弄明白古英语的含义。而对于多萝西·普朗普顿来说，即使她生活的年代与我们的相比更加接近于古英语时期，却丝毫无助于她对古英语句子的理解。

语言不仅因时间，而且因使用人群的不同而发生变化。英语有别于法语、德语，更加不同于日语和纳瓦霍语。当然，英语本身具有不同的口音，如苏格兰英语、澳大利亚英语等，这已被看作是理所当然的事实。然而，为什么我们同样说的是语言，但各种语言之间却存在着巨大的差异呢？为什么两个人讲不同的英语，却能毫不费力地理解对方的意思呢？

上述问题的答案是，语言差异是长期变化的产物。圣博尼费斯（或称温伏雷斯）在8世纪规劝许多德国人皈依基督教，可以想象当时的英语与一千多年后的英语比起来，更加接近德语。他在用拉丁语写作的时候，自称是"德国人"。追溯到五百多年前，在英语部落从欧洲大陆迁移至大不列颠岛之前，语言间的差异仅仅表现为一种语言的不同方言而已。但自那以后，两种居民分离开来，各自使用的言语经由不同的发展途径，演变为两种截然不同的语言。

然而，差异绝不仅仅体现在地域性方面。既讲英语又讲德语的人与只讲英语的人相比，行为举止亦有差异，这种区别往往取决于所操的语言。如果某人童年时期讲英语，后来讲德语，那么他的行为方式也会跟着有所改变。如果他最终讲德语多于讲英语，那么行为方式还会再次发生改变。这些似乎都是一些不言而喻的事实。另外，言语差异还体现在不同的方言及语音中，这一点更加值得研究与探讨。

具体差异

下面我们以一个具体的实验来阐述语言之间的差异。该实验是由威廉·拉波夫于20世纪60年代进行的一项关于纽约人所讲英语的研究。

该研究涉及的背景是，在英语中，有时发"r"有时不发（当其后不接元音时）。例如，在单词 sport 或 pour 中，字母 r 接在 o 后，在说英语的地区，过去（假设那个时候国际音标已经被发明）这个音会被标注为 [r]。现在这个音仍然被标注为 [r]，但在苏格兰、美国或英国西南部，它的发音会有所不同。在北美的大部分地区，这两个单词发作 [spɔ:rt] 和 [pɔ:r]。人们将单词 pour（有"r"）区别于 paw（没有"r"），分别发作 [pɔ:] 和 [pa:]。同样，shiver（[ˈʃivɚ]）与 shiva（[ˈʃi:və]）的词尾元音也不一样，区别在于前者带有"r化音"。

众所周知，英国南部的英语发生了一些变化，直到18世纪后期才基本定型。现在当地人认为，sport（[spɔːt]）与ought（[ɔːt]）押韵，pour和paw的发音相同，都是[pɔː]。pour后接元音时，其中的"r"就要发出，如pouring（[ˈpɔːrɪŋ]）和pour out（[ˈpɔːrˈaʊt]）。同样，在pawing和drawing（[ˈdrɔːrɪŋ]）中也可能要发出。然而，早些时候并没有此音，这一点可以从单词拼写中推断出来。shiva（[ˈʃiːvə]）和America（[əˈmɛrɪkə]）中均包含一个所谓的"连接r音"。当后接以元音字母开头的单词时，America is应发作[əˈmɛrɪkərˈɪz]，而不是[əˈmɛrɪkəˈɪz]。此时，它们与原先以"r"结尾的词shiver或butter无甚区别，如[ˈbʌtərˈɪz]（butter is）。在此种语音中，后面不接元音时，这两个单词同样没有[r]，发作[ˈʃɪvə]和[ˈbʌtə]。

地图1简要表明了哪些方言中缺失"r"。19世纪以后，这一变化波及北美洲东部殖民化较早的沿海城市以及澳大利亚、新西兰和南非等国的英语。从缺失"r"的地区分布图来看，我们不难推断出它的发展史。

然而，地图往往将事情简单化了。再回到地图1，它大致说明了英语方言的分布情况。因此它同时表示出了某个不说英语的地区受英语影响最小的某种言语。如果就此推断说当时斜纹地区的所有人不发单词中的"r"，而其他地区的人发"r"，那么无论是在当时还是现在，显然都是站不住脚的。若讨论仅限于某个语言现象的变化趋势，那么似乎有以偏概全之嫌。我们不妨来探讨一下"r"的缺失在人群中传播的路径。那些曾经发"r"的人是否会从某时起，突然不再发这个音了呢？这听起来似乎并不合理。

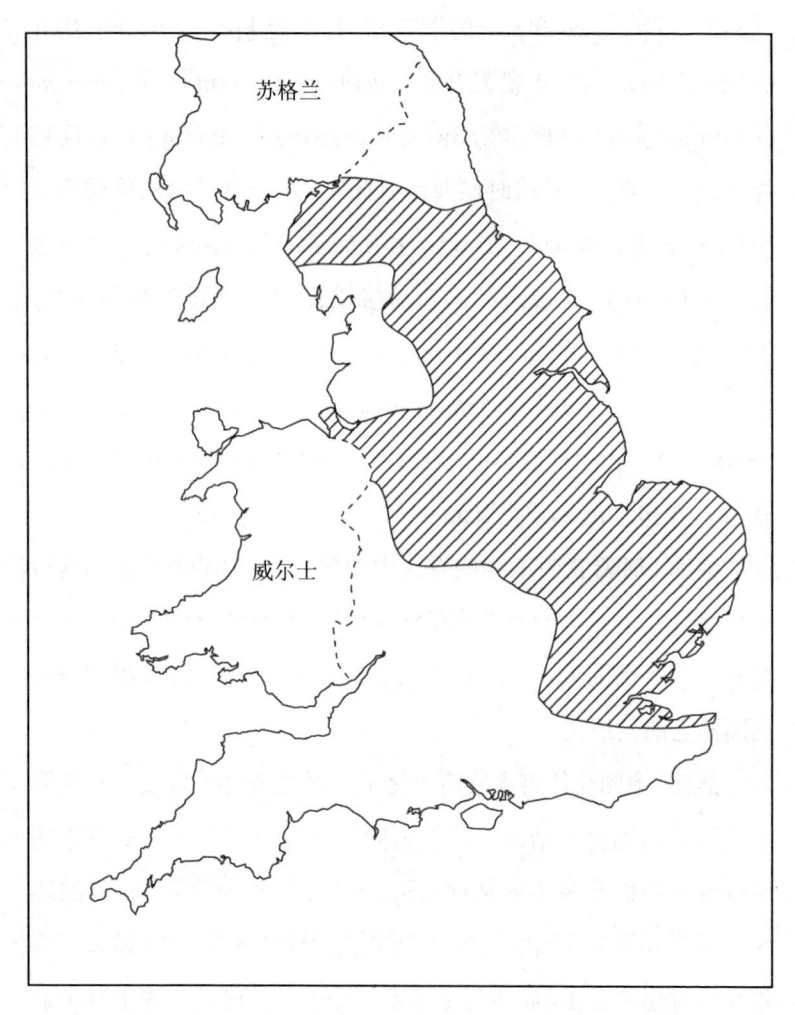

地图1 末尾音节不发[r]的英语方言。斜纹表示该地区[r]缺失,这一区域是连成片的。引自杰克·钱伯斯和彼得·图吉尔根据哈罗德·奥顿等人所著的《英国方言调查》绘制的地图

那么事实到底如何呢？

拉波夫在20世纪60年代的此项研究打开了人们的眼界，因为它向人们揭示出个人言语存在差异。无论是根据常识还是个人经验，我们都知道这一点。关键在于它的变化具有系统性，在没有明显证据证明的时候，变化也在发生。

其他语言学家就同一课题也展开了相关研究，探讨单词中"r"的问题。结果显示，20世纪早期，纽约人基本上不发此音。因此这里的人不说"美国普通话"。而到了20世纪50年代，情况变得复杂起来。不少当地人有时发这个音，有时却不发。由此可见言语变化所引起的差异。问题是这种差异是不是任意的。如果不是，真相到底如何呢？

根据拉波夫的描述，"r"出现的频率与说话者的社会地位紧密相关。他认为，该音可被看作"名望"的象征：发得越多，表明受教育程度或社会地位越高。由此，他断定，"r"更多地出现在上层社会名流之间的谈话中；而且，较之闲聊，它更常见于谨慎的言语中。上述变化被拉波夫称作"由上而来"。在当时的社会底层人群中，这个变化并不明显，这一人群最少受到名望压力的困扰。当时的老年人感到的压力最大，他们年轻时很少发"r"。（可能由于职业的关系）。因为变化是近期才发生的，所以发"r"在年轻人中非常流行。

上述观点可用下面的简单实验来证实。拉波夫选择了纽约的三家百货商店，分属高、中、低三个档次。他分别拜访了三家商店并向店员提出同一个问题，即他想买的东西在几楼（答案是四楼）。因此，他所得到的大部分回答是 *fourth floor*，两词都可包含"r"或不包含"r"。每次他都假装没听清，要求店员重复一遍，这样他们就得把这两个词着力再说一遍。拉波夫预测，商店的档次越高，其店员为展现名望发"r"的可能性就越大，尤其是在更谨慎或被要求重复的情景下。结果，即便其中可能存在主观因素，他的假设完全成立。其甚至即使在同一家高档商店里，在底层销售普通商品的店员与较高楼层销售高档商品的傲慢店员之间也存在差异。另外，本研究还发现年长的与年轻的店员之间也有区别。

稍后的一项研究采用了一系列的访谈形式，其中包括部分结构式和部分巧妙的非结构式问题，对象是居住在纽约市下东区的人群。研究结果进一步证明了先前的发现。该研究不仅涉及"r"，还包括其他人们所熟知的纽约方言与众不同的五个方面。其中之一是单词 *thing* 和 *then* 开头辅音的发音。与许多美国人（不管他们是否承认）一样，纽约人将其分别发作[t]和[d]；而在英式英语中，则为[θ]和[ð]（单词音标写作：[θɪŋ]和[ðεn]）；较为中性的标注是[tθ]和[dð]。上述举例没有显示出任何逐渐变化的过程，而人与人之间却存在显著差异，而且与说话者的社会地位及讲话时的注意程度呈现出相关性。

此后，类似研究在不同地区重复进行了许多次，得出的结论是，如果在不同说话者之间存在差异，那么即使当时不存在变化，仍然存在变化的可能。某个变量会出现得越来越频繁，最终排除其他变量。

相反，如果语言发生变化，那么通常体现在不同说话者的具体差异上。例如,在某段时期内用 *wireless* 表示"收音机"的频率最可能根据说话者的年龄而发生变化。四百多年前,*not* 可以直接接在动词之后：*It hurted not*。但现在人们说：*It did not hurt*。*never* 的用法与 *not* 的用法类似（多萝西·普朗普顿在信中写道：*had never answer*）。在莎士比亚的作品中,同样可以发现相同的句式：*What ring gave you, my lord?* 该句的现代英语表达法为：*What ring did you give, my lord?*（《威尼斯商人》,V.1, 184）。以上语言现象发生变化的最重要时期是莎士比亚时代,即1600年左右。值得一提的是,当语言发生变化时,人们并非摒弃某种说法而使用另外一种全新的形式。从当时的相关文献中可以看出,在五十多年的时间里,这一用法发生了明显的变化。严格说来,它仍在变化。牛津大学研究早期英语语言特征的专家J.R.R.托尔金对下面这句话进行过专门的研究：*To that the Elves know not the answer*（《魔戒》,V.9）。这虽然是英语,却已不再被人们所使用了。

语言为什么会变化

语言在不断变化是一个尽人皆知且毫无争议的事实,可被用来解释下面这个现象,即两种一度相同的语言（如英语或德语）为何最终却变得截然不同。世界上存在的"多种语言"同样也是语言变化的产物。

仔细想想,语言的多样性非常奇妙。人类属于同一物种。生活中常常出现这样的情景：你听到人们在交谈,却不知道他们在说些什么。即使相互之间缺乏通用语言，人们仍然可以通过手势、微笑等形式进行交流。这种现象非常奇怪：虽然语言已然演变为人与人之间相互交流的一种主要方式，但是由于人类使用的语言各不相同，每个人只能与一小部分人进行有效的交流。为什么会产生这种现象呢？

我们不妨假设语言的起源是单一的，它最初始于某个人种或亚人种，大家一般认为是生活于非洲西部地区的一群人。随着时间的推移，他们不断扩张，穿过非洲到达欧洲和亚洲，从亚洲进入大洋洲和北美洲，从北美洲进入南美洲，最后又从亚洲再到太平洋地区。地图2展示了这一过程的发展进程。这一猜测建立在某些间接证据之上。不管事实如何，有一点很明显：在人类的发展过程中，不同人群只能与他们相邻区域的人群保持联系。假设原始语言中包含可以改变的特征，那就意味着语言并非先天决定的。由于人们在各自所属的区域内独立生活，说话方式发生着不同的变化（间隔越远，变化越大），因此，没有任何直接接触的不同人群所使用的不同语言，发展到一定程度将会出现天壤之别。

在《希伯来圣经》的巴别通天塔故事中，语言的多样性被归结于神的干涉。在先天决定的变化范围内，最初的语言经历几万年的洗礼，逐渐形成不同的分支，随着人的迁徙，最终发展成目前的格局。这一变化不由得使人产生联想：语言在一开始就包含变异的种子。然而，为什么后来一定会产生变异呢？

答案之一出自但丁《神曲》中的亚当之口。下面方框中是一首摘自14世纪早期的诗歌，并且已经翻译成了英语。对我们来

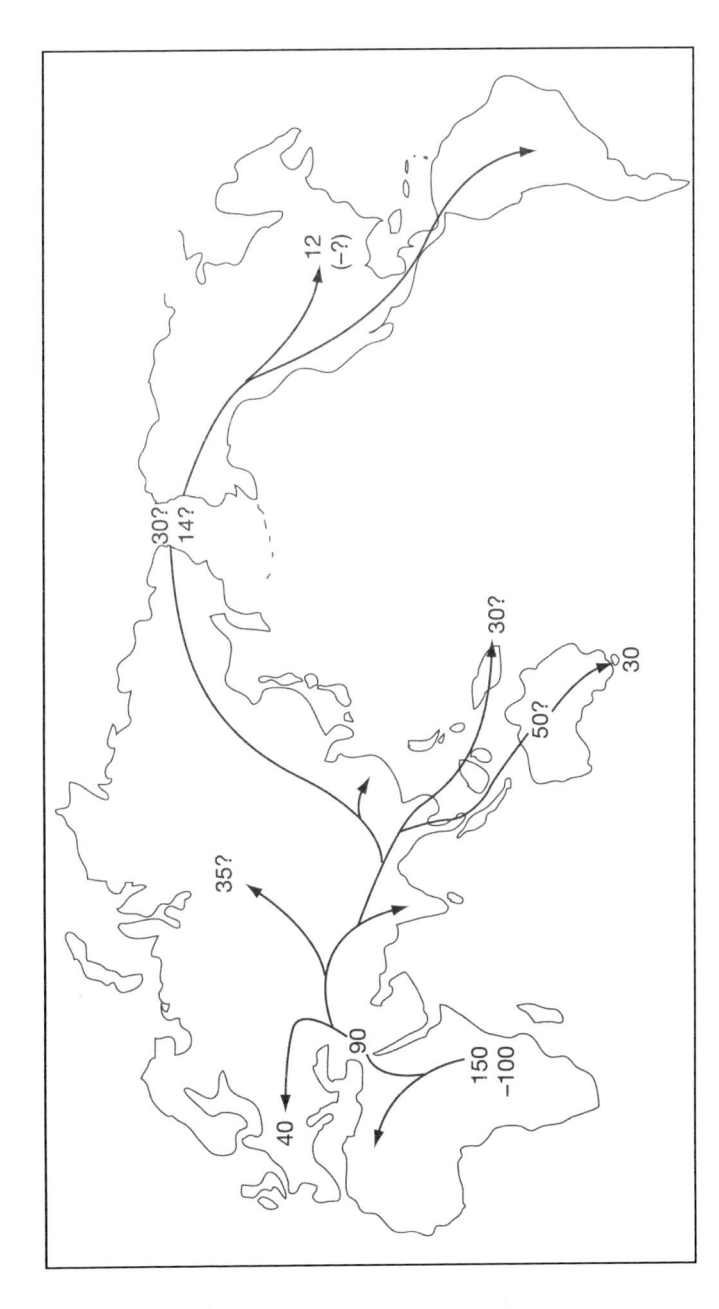

地图2 智人扩张范围。年代（距今几千年）不确定，部分取决于以下假设：当时海平面较低，大陆之间由"陆桥"相连接

说,理解它并非很难,因为语言本身是"自然的",由人类祖先传承而来。语言的具体形式不过是人类社会文化的某些方面而已。而社会总在发展,人类在改变穿衣、饮食、法律和行为举止的过程中逐渐变化着。因此,各种语言不断发展变化也就不足为奇了。正如20世纪以来,人们的衣饰在不断改变,说话方式发生变化也就理所当然了。总体来讲,语言变化就是社会变化,所以,对此感兴趣的不仅仅只有语言学家。那么言语的基本变化是否从根本上来说,类似于穿着打扮和饮食习惯方面的变化呢?

亚当是如何解释言语变化的

据《圣经》记载,人类最早的语言产生于伊甸园。亚当解释说,在建造巴别通天塔前,它就已经消失了。

For never yet did product of man's reason
　　Remain unchanged, because of mortal taste
　　Which changes ever, following the season.
Simply that man should speak is nature's deed;
　　But how you speak, that nature leaves to you
　　As best may suit with your immediate need.
(因为任何理性产物,
　　由于人的喜好随上天影响而更新不断,
　　都永不能经久不变。
人类讲话是自然的活动;

但是随后，自然又以这种或那种方式，
让你们根据自身所好来做出决定。）
甚至连上帝自己的名字都变了：
Ere I descended to the world of woe,
　　J was the earthly name of that supreme
　　Good whence the joy comes that enfolds me so;
El was his next name and that well befits,
　　For mortal custom is as leaf on branch
　　Which falls and then another follows it
（在我降入地狱的痛苦深渊之前，
世上曾把J称为至善，
而至善正是包拢我的那欢乐之光的来源；
后来又称作EL：而这是理所当然，
因为凡人用词犹如枝头的树叶更换，此去彼返）。

(但丁，《神曲·天堂篇》，XXVI，127—138，
T.W.拉姆齐译）[①]

这种看法很有意思。图6是一位19世纪后期英国最著名的语言学家的肖像。请注意：他的领带系得松松的，而衬衫领口却浆得很硬，准是用纽扣在前面或后面固定住了。而图7为晚些时

---

① 中译文由黄文捷所译，选自《神曲·天堂篇》，译林出版社，2005年。——编注

图6 亨利·斯威特（1845—1912）。英语著名语言学家及语音学家。其作品《盎格鲁-撒克逊读者》被多次修订，以供学生使用

图7 丹尼尔·琼斯(1881—1967)。英国著名语音学家,国际音标最主要的创始人

候一位著名英国语言学家的肖像。比较而言，后者的穿着更加接近于现代学者，虽然还不完全一样。斯威特和琼斯对于英语语音研究提出了独到的见解，当两人都在世时，英语就已经发生了变化。例如，*poor*和*moor*中的元音开始有别于*pour*和*more*中的元音，词典上将前两个单词的音标分别写作[pʊə]和[mʊə]。在许多英语变体中，这两组词都不同，但在英国南部，它们之间没有区别：*poor*和*pour*都发作[pɔː]，*moor*和*more*都发作[mɔː]。然而，言语变化好比衣领和领带的变化，都是一个循序渐进的过程，通常需要经过一段时间才会发生。

但是我们的兴趣不在于简单地描述个别语言现象的变化，而在于阐释具体情景中的某种语言形式。大多数语言学家认为，语言从来就不是孤立的，所以我们的研究对象不只是某个元音、某个单词或某个句型。实际上，语言的每一个细微的变化都会引起一系列的连锁反应，这些变化或同时发生，或前后相继。语言学家常常将这种相互关联视为语言的基本原则。如果这种基本原则是存在的，那么语言史的确是振奋人心的。

即使事实并非如此，有一点仍值得人们注意：言语发展的关键时期在于儿童阶段。不可否认，成人的言语确实可能发生变化，如使用某个新词或迁居后改变口音以适应新的环境等。可是，他们使用的语言结构在十多岁前已经基本定型。一般两岁时，儿童开始将几个单词组合在一起；几年后便能够按照正确的语序并使用恰当的形式来表达自己的想法，并照此一直延续下去。

因此许多语言学家认为,语言的变化并非一朝一夕。儿童通常从其周围人的言语中汲取养分,提高自身的言语水平。人们一生的说话方式基本由儿时的言语习惯所决定。分析表明,只有当下一代的儿童接受的言语输入包含新的形式时,一种语言才会发生变化。因此,我们所面临的根本问题就是搞清楚这种变化到底是如何发生的。

目前,人们虽然在上述问题上尚未达成共识,但有一点却很清楚:语言的变化方式绝不像衣领及领带等时装的变化方式那样简单和毫无争议。

第四章
语　族

我曾经读过一本书，书中写到意大利人在历史上的某个时期停止使用沿袭了数百年的拉丁语，转而开始讲意大利语，这一改变令作者困惑不已。究竟是什么导致了语言的变化？意大利人怎样完成了从拉丁语到意大利语的过渡？

现在，我们对此现象已经释然，不再感到迷惑不解。言语在不停地变化，正如现代英语来源于古英语，使用了近1 000年的意大利语也是由2 000年至2 500年前的拉丁语演变而来。语言在其发展过程中通常没有明显的转折点，新旧说话方式并不是在某一确定的时刻产生了更替。

拉丁语在发生变化的同时，也逐渐产生了分裂。起初它只不过是一个以罗马为中心的小国所使用的语言，但是由于罗马统治阶级好战且善战，到大约2 000年前，他们建立了一个庞大的帝国，其西部边界不仅包括意大利，还囊括了现在的法国、西班牙和葡萄牙。在上述区域内，拉丁语逐渐取代了其他语言传播开来。在接下来的500年中，拉丁语在不同地区形成不同的方言，如在南美洲和中美洲使用的西班牙语。由于人们生活在不同地区，相互之间的接触越来越少，他们所操的拉丁语便朝着不同的方向发展。500年前的同一种语言就这样分解为无数种迥然不同的语言。其中意大利中北部托斯卡纳地区的人群所操的语言发展为意大利语,另一种巴黎地区的语言演变为现代法语,还有一种在西班牙北部卡斯帝尔地区所使用的语言发展成为西班牙语,如此等等。

虽然打比方容易引起歧义,但这种情形就像是生物学中的物种进化一样,所以我们很自然地会想到祖先和族群。拉丁语俨然可被看作某一个语族的"祖先",其他各种语言皆由它衍生而来,包括法语、西班牙语、意大利语、葡萄牙语和罗马尼亚语。在动物学中,猫科动物包括狮子、美洲豹、家猫等。在语言学中,上述语言则是"罗曼语族"的主要成员。

在动物学上,猫科动物与其他动物可被归入更广的一类,如有胎盘的哺乳动物、一般的哺乳动物、脊椎动物等。同样,任何一位语言学家都会告诉你,罗曼语族仅仅是从拉丁语衍化而来的"印欧语系"(图8)的一个分支而已,与其并存的还有许多不同种类的语言,主要分布在欧亚大陆的大部分地区。目前史前学家们还未达成共识,因此很难解释为何同一语言的"后代"会有如此广泛的分布范围。然而,我们知道在别处,确实存在其他分布广泛的语族。作为语言学家,我们确信,所有的印欧语言都曾共同拥有一个祖先。

如何来证实存在共同的语言祖先呢?下面我以距今的年份为单位来加以阐述。目前,我们能够掌握的最早证据是大约3 500年前的希腊语。作为印欧语系的分支之一,它的书写体系

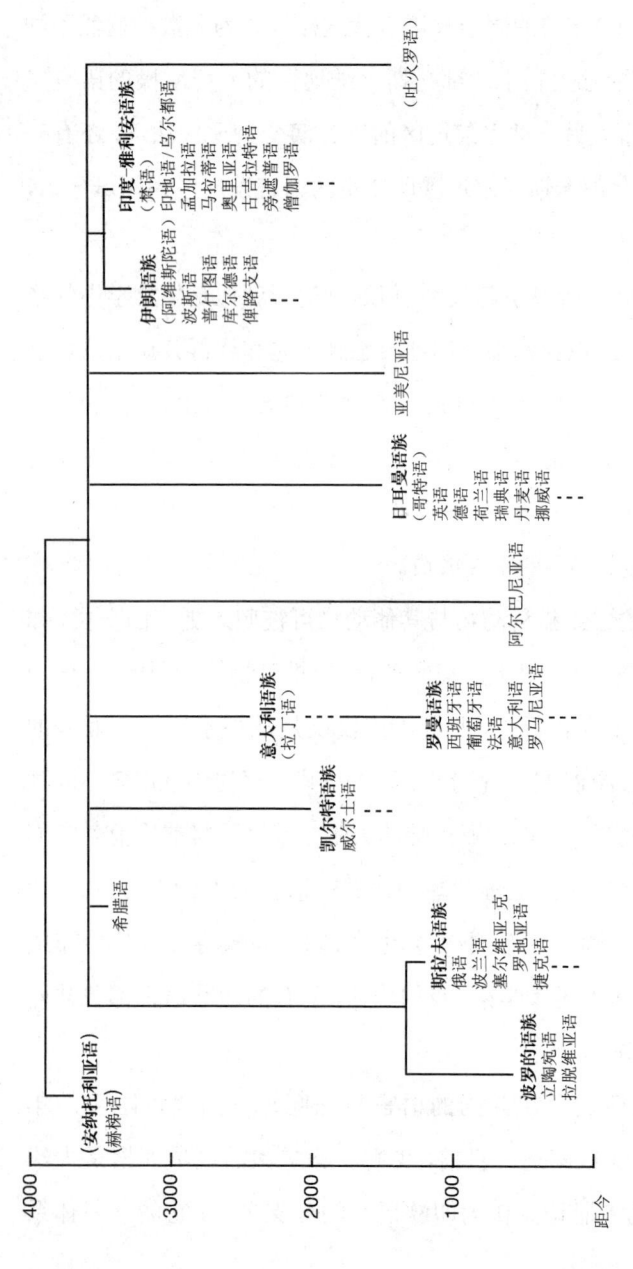

图 8 印欧语系的主要分支。包含某些语言的分支名称用粗体标出，括号中的名称表示该语言或更名。印度-雅利安语族和伊朗语族合起来形成一个较大的分支，称作"印度-伊朗语支"；另一较大分支"波罗-斯拉夫语族"现今仍存在争议，安纳托利亚语与其他各种语言的关系也不明朗。左栏数字表示每个语言分支出现的最早时间（据可信资料）

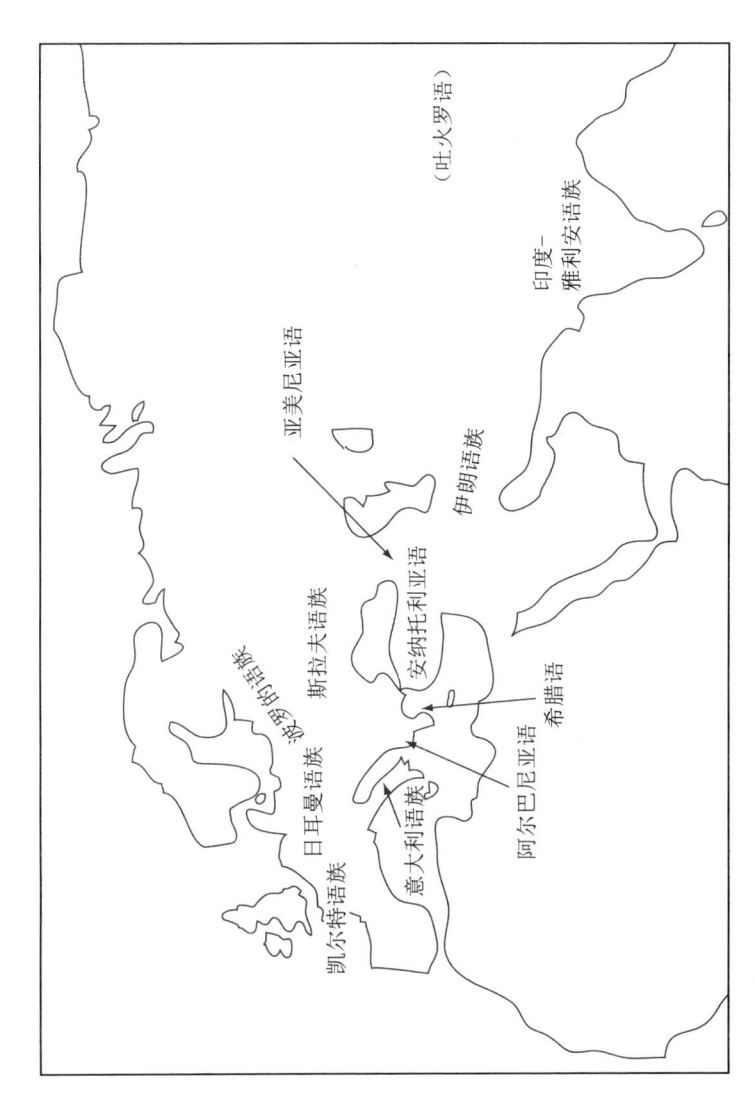

地图 3　印欧语系的历史分支分布图。已不再使用的语言分支（图 8）仍用括号标出

被称为"线形文字B";另一种较早的文字是赫梯语,主要使用者集中于首都在当今土耳其北部的一个古代帝国。有关拉丁语的最早证据出现在距今2 000年至2 500年之间;梵语是印度北部的一种古语言,口头的梵语诗歌可以追溯到3 000年前。然而,没有任何直接证据能够证明上述语言共有一个祖先。直到距今5 000年多一点,书面语才开始出现,最早的证据是苏美尔语的书面语,它的发现地在现在的伊拉克的南部,但这一地区现在并不在这一

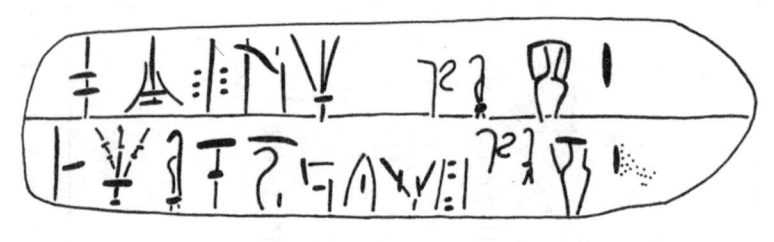

图9 印欧语系的最早证据(1):一块刻有"线形文字B"的石碑。第一行文字说的是"给众神一罐蜂蜜",第二行文字说的是"给迷宫的女主人一罐蜂蜜"。这块石碑是从希腊神话中弥诺陶洛斯居住的迷宫(位于克里特北部克诺索斯遗址)里挖掘出的众多石碑中的一块。线形文字符号由迈克尔·文特里斯于20世纪50年代运用"二战"期间学到的解密技巧进行了成功的破解。该语言的拼写以音节为单位,如 pa-si(第一行最前面的两个符号)表示"给所有的",me-ri(在两行中表示双耳储藏罐的图画之前)表示"蜂蜜"。音节文字既有别于字母文字(元音和辅音分开表示),又不同于每个单位都有单独意义的文字,如汉语。目前,日语可被看作音节文字的代表,它由"平假名"和"片假名"组成

§43

图10 印欧语系的最早证据（2）：赫梯语的一段楔形文字。"楔形文字"指形状像楔形的书写方式，曾经广为流传于古代近东地区，它是用尖端在黏土板上写下的。它由一种亚述人和巴比伦人使用的阿卡得语演变而来。以上碑文取自赫梯语法律条文的一部分，详细描述了对各项犯罪行为采取的惩罚措施。第四十三小结（已做出标记）写道："如果某人赶牛过河，另外一人推开他，并拖着牛尾过了河，而河水冲走了牛的主人，那么他们将把那人带走。"此碑文可追溯至距今3 500年前，被视为印欧语系最早的语言文本之一

语族当中。即使是最早的语言形式，它们之间的相似程度仍比不上现在的西班牙语和意大利语之间的相似程度。那么，究竟是什么使我们确信在史前各种语言之间存在着某种联系呢？

证据是什么

我们可以通过"对比"法来寻找答案，即在不同语言之间进行逐项比较分析，若呈现出多个对应点，则说明它们享有共同的

祖先，否则则很难做出合理的解释。问题在于什么样的证据才能令人信服呢？

下面我们集中比较下列方框中表示相同意思的两个词组，它们分属于印欧语系中两种不同的语言。希腊语词组取自荷马的一部3 000年前的叙事史诗《伊利亚特》，讲述的是英雄阿基里斯所面临的艰难抉择。如选择参战，他将以生命为代价获得"不朽的名誉"（imperishable fame）；若选择退出，他可以安全返乡，却会丧失一切"高贵的名誉"（noble fame）。他是英雄，所以他最终选择了参战。梵语词组取自同样是3 000年前的一本宗教诗歌集《梨俱吠陀》。许多学者认为，这两组词组不仅来源于同一种祖先语言，甚至来源于同一种诗歌体系。虽然各只有两个单词，但是人们通过比较发现，两者之间存在诸多对应点。

印欧语系两种不同语言中的对应词组

古希腊语： kléos   áp^{h}t^{h}iton
梵语： ʃrávah   ákṣitam
fame-NOM/ACC.SG   NEG-**perishable**-
                                    NEUT.NOM/ACC.SG

"imperishable fame"

两个词组均根据国际音标进行了转写。上标"h"区分了"送气"辅音（"p^h"、"t^h"、"k^h"）与"不送气"辅音（p、t、k）；*ákṣitam* 中的 ṣ 发类似"s"的音，只是舌尖向后弯曲靠近上腭。重音符号表示该处音高变高。第三行的标注将在正文中进一步解释。

先看语法：两种语言均区分语法中的"性"，表示"fame"的单词和与之类似的单词被划分为"阳性"、"阴性"或"中性"（如德语中即有该种划分方法）。希腊语 *kléos* 和梵语 *ʃrávah* 均属中性词。另外，希腊语和梵语都对语法中的"格"做出区分（如德语和俄语也一样）。例如，在希腊语中，如果表示某人做了某事，"人"应为单词 *ánthro:pos*，尾字母 -s 说明该词为"主格"（NOM）和"单数"（SG），仅指一个人。如果表示其他人对某人做了某事，"人"则为单词 *ánthro:pon*，尾字母 -n 说明该词为"宾格"和"单数"（ACC.SG）。

下面来看表示"imperishable"的两个单词。按照语法规则，它们应与"fame"保持"一致"，同为中性词，均被标注为"NEUT"，而且为同格。另外，还有一处相同点：希腊语中表示"人"的词为阳性，并在尾字母 -s 和 -n 上做出区分，分别被标注为"NOM.SG"和"ACC.SG"。然而，中性词的"主格"和"宾格"并不做区分，因此"fame"和"imperishable"都被标注为"NOM/ACC"。上述规则也同样适用于梵语。还有，在上述两种语言中，许多中性单数的"主格/宾格"与阳性宾格的尾字母相同。所以，在希腊语中，表示"imperishable"的单词 *áphthito-n* 与 *ánthro:po-n* 一样，也是以 -n 结尾。同样，在梵语中，*ákṣita-m* 和 *su:nú-m*（"son-ACC.SG"）的尾字母都是 -m。

以上相似点至少从某种程度上能够证明两种语言共有同一祖先。接下来,我们能够找出更多 -n 和 -m 相匹配的例子。希腊语中的 kunô:n ("of dogs")是"所有格",以所有格复数 -o:n 结尾。梵语中对应的词是 śúna:m,同样是所有格复数,表示"of dogs",结尾是 -a:m。两词的不同之处体现在具体的元音和辅音:希腊语中是 -n,梵语中是 -m;希腊语中是 -o:n,其中 o 为长音(国际音标用":"表示),梵语中是 -a:m,其中 a 是长音。

另一明显的对应点体现在表示"imperishable"的两词的开头部分。两者均含否定意义,字面意思是"non-perishable"。两词都应被标注成"NEG",两种语言中的类似单词都以 a- 开头。然而,希腊语和梵语也存在多处不同点。某种语言的普通形式很可能对应于另一种语言的特殊形式。如希腊语的普通词尾 -o 出现在单词 ékʰ-o: ("I have")或 leíp-o: ("I am leaving")中;梵语中的对应形式却是词尾 -mi,如 ásmi,而在希腊语中 -mi 又可作为特例出现在一小部分单词中,如 eimí ("I am")。

以上两种语言分属两个历史不同的国家,且相隔数千里,为何能在它们之间发现众多对应点呢?可以想象出西方人首次接触梵语时是何等激动!正如法语和西班牙语共有一个语言源头——拉丁语一样,于是人们做出一个大胆的猜测:希腊语和梵语在史前也共享着同一语言"祖先"。

如果以上猜测成立的话,希腊语中出现在不同词类末尾的 -mi 很可能与梵语词尾 -mi 源于同一"祖先"词尾。但是,这种判断在多大程度上是正确的呢?上述对应点是否纯属偶然呢?

是否可能存在其他解释呢？

最后一个问题并非反问句。我们知道，当操两种不同语言的人长期频繁地接触时，不管是语法还是单词都会变得越来越接近对方。那么，是否有可能希腊语和梵语根本没有共同的祖先，而只是在史前某个时期，操这两种不同语言的人相邻而居呢？以上猜测是否可以用来解释为什么某种语言中的不规则形式却能在另一种语言中发现对应点呢？

重 建

要排除这一猜测，我们必须在仔细推敲所有证据的基础上，按照一定的思维逻辑，创建出一种详细、全面、前后一致的学说。这一学说的说服力将是最强的。

例如，我们认为希腊语中的 -n（在 *ápʰtʰito-n* 中）与梵语中的 -m（在 *ákṣita-m* 中）同源。这可能是因为这个源头本身像 -n，或像 -m，或与这两者都不太像。这是一个具体的假设，涉及"重建"史前存在的某个假想的实体，而不仅仅只是一个语音单位，或是表示"宾格"和中性"主格/宾格"单数的语法尾词。若前置元音也相关的话，它们必是共有一个特定的史前来源：*ápʰtʰiton*，*ákṣitam*。因此，若整个单词相关的话，那么首字母 *a-* 后的辅音也是对应的：*ápʰtʰiton*，*ákṣitam*。

照此逻辑推断，"对应点"不一定仅仅产生于相似的形式之间。表示"imperishable"的两个单词碰巧存在一些相似点：音节数目和结构相同，重音（高音）位置相同，某些元音和辅音发音类似，比如两词中的 i 和 t。至于曾经表示"fame"的两个单词——*kléwos* 和 *ʃráwas*，则有充分的证据显示两者存在部分相似。理论上说，个别形式的相似既非充分条件也非必要条件。随着语言的变化，元音和辅音、音节和重音等也随之改变。我们重建的形式或许会经历较大的改变，但它们创建的形式可以随着进一步的假设得到令人满意的解释。

下面让我们来比较表示"fame"的两个单词中的元音：希腊语中是 e（*kléos*），而梵语中是 a（*ʃrávah*）。除此之外，还有许多其他单词看似相关，如希腊语中的 *esti* 和梵语中的 *ásti* 均表示"(he, she, it) is"。希腊语中另有一个 o（*kléos*），而梵语中相应地另有一个 a（*ʃrávah*），且表示"imperishable"的两词中存在同样的现象（*ápʰtʰiton*，*ákṣitam*）。希腊单词 *éleipon*（"I was leaving"）以 *-on* 结尾（*éleip-on*），该词尾对应梵语词尾 *-am*，这与我们的料想吻合。基于此，我们不妨提出一个更加具体的假设：共同语言"祖先"中存在两种不同元音，分别为 e 类元音与 o 类元音。在希腊语中两者是分开的，而在梵语中两者则合二为一成 a。

另外，*ápʰtʰiton* 和 *ákṣitam* 中的辅音 t 的发音相似。更重要的是，这一对应点是一种普遍现象。如希腊语中表示"(he, she, it) is"的 *esti* 和梵语中表示同样意思的 *ásti*。相反，希腊语表示"fame"的 *kléos* 中的 k 不同于梵语 *ʃrávah* 中的 *ʃ*。而在表示"dog"的两个单词——希腊语 *kunô:n* 和梵语 *ʃúna:m* 中，却存在同样的对应点。另一个在印欧语系研究中常被提及的例子是表示"hundred"的两个单词——希腊语中的 *hekatón* 和梵语中的

śatám。如果上述对应点还不够显著，那么可以参看下例：表示"to sing"时，意大利语 *cantare* 的首字母辅音发作[k]，对应法语 *chanter* 中的首字母发音[ʃ]。我们还能找出更多的规则，如梵语中的 r (*frávah*) 对应希腊语（以及其他语言分支中的语言）中的 l。这里的辅音原来可能是 l 类的。

综上所述，我们似乎很难就两种语言之间的对应点得出某个定论。除了表示"(im)perish(able)"的这一组单词，我们还能发现许多梵语单词中的 $k\!s$ 对应希腊语中的 $p^h t^h$。然而，对于这些语言现象背后的本质我们却不甚了了，如为什么希腊语中表示"hundred"的单词 *hekatón* 以 *he-* 开头呢？问题不在于我们创建的理论是否能够解释一切现象。常识告诉我们这是永远不可能做到的。问题在于其他基于并无共同祖先的假设，是否更加难以令人信服。

我们能走多远

类似的发现对史前历史学家来说非常有趣。虽然语言学家不能确信为何印欧语系的覆盖范围如此之广，但他们坚信存在一个共同的语言祖先，问题在于如何从考古学中获取相关的证据。考古学家往往能够根据简单的对应，将史前文化关联起来，如在山洞中发现的古人使用的盆罐或刀剑。由此我们不禁要问：语言学家是否也需要关注这些细节。如果我们无法找到不同语言之间非常显著的相似点，还能下结论说它们共有一个祖先吗？

相反，我们必须理解，这是一个非常严肃却迷人的研究领域，因为任何结论都要建立在无数的细节之上。虽然某些表面惊人的相似点会引起误导，但我们可以将其放在更宽泛的视阈中加以阐释。

以拉丁语中表示"to have"的单词 *habeo*（词典上的词条就是这么写的）为例：*hab-* 类似英语中的 [hav]（*have*），并与德语中表示"to have"的单词 *haben* 中的 *hab-* 完全相同。乍一看，这不过是某种有意义的对应点而已，但这种从形式到意义的相似点可以表明它们来源于同一种语言。

事实上，我们很清楚实际并非如此。上述三种语言同属印欧语系，其中英语和德语属于"日耳曼语族"（图8）。众所周知，近200年来日耳曼语族与拉丁语及其他语言分支比较而言，在辅音方面存在较大的差异。日耳曼语族中的 *h* 相当于拉丁语中的 *c*（发作 [k]）。试比较下面几组词：德语中的 *hundert*，拉丁语中的 *centum*（"百"）；德语中的 *Hund*，拉丁语中的 *canis*（"狗"）；德语中的 *Hals*，拉丁语中的 *collum*（"脖子"）；德语中的 *Hure*（"妓女"），拉丁语中的 *carus*（"亲爱的"）（两词都有"爱"的意思）。以上的对应点不过是两种语言之间的一小部分而已，有时相同的字母却表示截然不同的意思，如 *habeo* 和 *haben* 中的 *b*。通过比较拉丁语中的 *cap-*（词典里有词条 *capio*，意思是"抓住"）与德语中的 *hab-*，我们不难发现：虽然我们相信它们同源，但不论是辅音还是意义都相去甚远。同样，与拉丁语中的 *hab-* 同源的德语中的 *geb-en*（"给"）及英语中的 *give* 也是如此。

上述词例提醒我们：切不可根据零散的几个对应点就妄下断

论；追溯得越远，揭示出事实真相的希望则越渺茫。

之所以这样，原因仍可归结于语言的发展变化。语言的语法结构在变：英语和意大利语中已不复存在与所有格复数有关的词尾，而梵语和希腊语中的中性"主格/宾格"词尾也已消失。另外，词汇也在变化：旧词不断被新词取代，词汇的原有意义逐渐消亡或转移。因此，要想勾勒出语族的关系图就会遇到困难。我们虽然可以隐约感到它的存在，却无法准确地描述出来。一种语言的 a 形式酷似另一种语言的 b 形式，而它的 c 形式又类似第三种语言的 d 形式。所有这一切都不足以为重建一张完整、连贯而详尽的语族关系图提供足够的证据。对于任何语言对比之间呈现出的相似点，我们都不得不保留自己的解释：它们之所以相似，可能是出于偶然，也可能反映出操不同语言的人群在史前的某段时期有过接触，或者两种可能兼而有之。

何时下断语，何时做推测，这取决于我们的判断。某些做推测的专家认为前景看好。无论如何，我们应对得出的结论负责。作为语言学家，我们没有动物学家的化石（比书面语更加古老），抑或考古学家的盆罐、刀剑（最多不过是坏了或生锈了，却是那一时期的真实记录），我们能够依赖的证据只有语言分离后，根据历史推断出的各种形式而已。

很明显，语言学家们为重建做出了不懈的努力。最后，让我们再回到影响日耳曼语族辅音的一些变化吧。其中之一是德语中的 h 和拉丁语中的 c 之间的对应。另一点可以从梵语与日耳曼语族表示"兄弟"的单词中看出，如梵语中的 *brá:tar-*（这也是用国际音标表示的）和哥特语中的 *broθar*。哥特语（对于语言学家来说）是日耳曼语族的最早形式，主要见于基督教《圣经》的早期译本。以上对比给印欧语系专家带来一个问题：梵语表示"父亲"的单词 *pitár-* 中包含辅音 *t*，而在日耳曼语族中，"兄弟"和"父亲"却演变为两个不同的辅音：*broθar* 中的 *θ* 和 *fadard* 中的 *d*。经过多年的变化，现代德语中 *Bruder* 和 *Vater* 两词的辅音仍然不同。这一现象背后到底隐藏了什么呢？

上述问题的答案于19世纪70年代被丹麦学者卡尔·维纳找到了。据说，某天下午，他感到身体不适，于是准备睡一觉，睡前随便对比了印欧语系中诸语言的语法规则，竟然找到了答案。表示"父亲"和"兄弟"的两个梵语单词引起了他的注意，因为两者都被印成了黑体。第一个词 *pitár-* 的重音在第二个音节，而另一个词 *brá:tar-* 的重音却在第一个音节。是否与此有关呢？他在彻底检查所有证据后，得出结论：这正是关键所在。日耳曼语族没有留下明显的印欧语系的重音痕迹，这一点可以从梵语和希腊语中清楚地看出。我们不妨假设：这种重音在日耳曼语族的某个史前时期曾经存在过，但后来随着辅音发生了变化，最终又消失了。刊登此文的杂志编辑在给维纳的信中说，他给黑暗中摸索的人们带来了一线光明。也许这听起来有点夸张，但如果对印欧语系诸语言间存在相互联系表示怀疑的话，史前变化的再现则可以让你消除这个疑虑。

第五章

语言的多样性

1492年，克里斯托弗·哥伦布率先踏上西印度群岛，给生活在新大陆的人及其使用的语言带来了一连串的灾难。

很快，其他国家接踵而来。1500年，葡萄牙宣布巴西归其所有，并于31年后任命了一位葡萄牙总督。1519年，埃尔兰多·科尔特斯开始了西班牙对中美洲的统治；1533年，弗朗西斯科·皮萨罗征服了安第斯山脉地区的印加帝国；1607年，约翰·史密斯于北美弗吉尼亚州詹姆斯镇成功地建立起第一个英国殖民地；1608年，萨缪尔·德·尚普兰在魁北克建立起法国殖民地。将近200年后，英国于1788年开始统治澳大利亚。上述区域的绝大多数人与北美洲居民一样讲英语，而在美洲的其他地区，目前有超过1亿人讲西班牙语或葡萄牙语。

旧大陆的大部分地区仍以印欧语系的其他分支和其他语系的语言为主。讲阿拉伯语、印地语及乌尔都语、孟加拉语、汉语的标准形式（普通话）和日语的人数都超过了1亿。操其他语言，如泰米尔语、越南语和爪哇语的人口也达到了几千万。对人类所用语言的调查统计表明，全球可被分为两大部分。一部分涵盖旧大陆的大洲及其邻近岛屿，当地语言及语族基本上维持着500年前的模样。在撒哈拉沙漠以南的非洲大陆,虽然英语和法语广为传播,许多地方语言逐渐消失,但大部分当地人仍会讲一种或多种地方语言。另一部分包括其他三个大洲,这三个大洲的土著语言已被源自西欧的语言所取代。目前保存的几种方言在当地都很重要,如瓜拉尼语和西班牙语均为巴拉圭的官方语言,此外还有几百万人仍在使用印加人的盖丘亚语。即使多数人(他们不是专业的语言学家)并未意识到,但仍有不少土著语言得以保存下来。然而,许多土著语言即将消亡,因为年轻一代已不再学着说了。

所有的语言对语言学家来说都弥足珍贵。为大部分人所知道的语言通常被看作有偏样本,它们源自欧洲或旧大陆的其他区域。样本越是有偏差,人们越是倾向于认为在任何地区使用的语言都与其结构相似。

从某个层面来说,语言确实存在相似性。智人可能于距今5万年前最初到达澳大利亚,约3万年前到达北美和南美。这些人从留守人群中分离出来,他们使用的语言也单独发展了几万年,直至欧洲人的入侵。我们想要在这些语言和旧大陆的其他任何语言之间找出某种差异,这种差异大体上可以通过各种言语形式在很长一段时间里经历的变化来解释,可是我们没有找到。原则上,任何一群人都可能会讲任何一种语言。同样从语言上讲,现代人所属的人种就是智人。

从另一层面来说,许多语言的演变过程在西方人眼里是怪异的。当然,以上论断完全是相对的。如果人类历史可以改变的

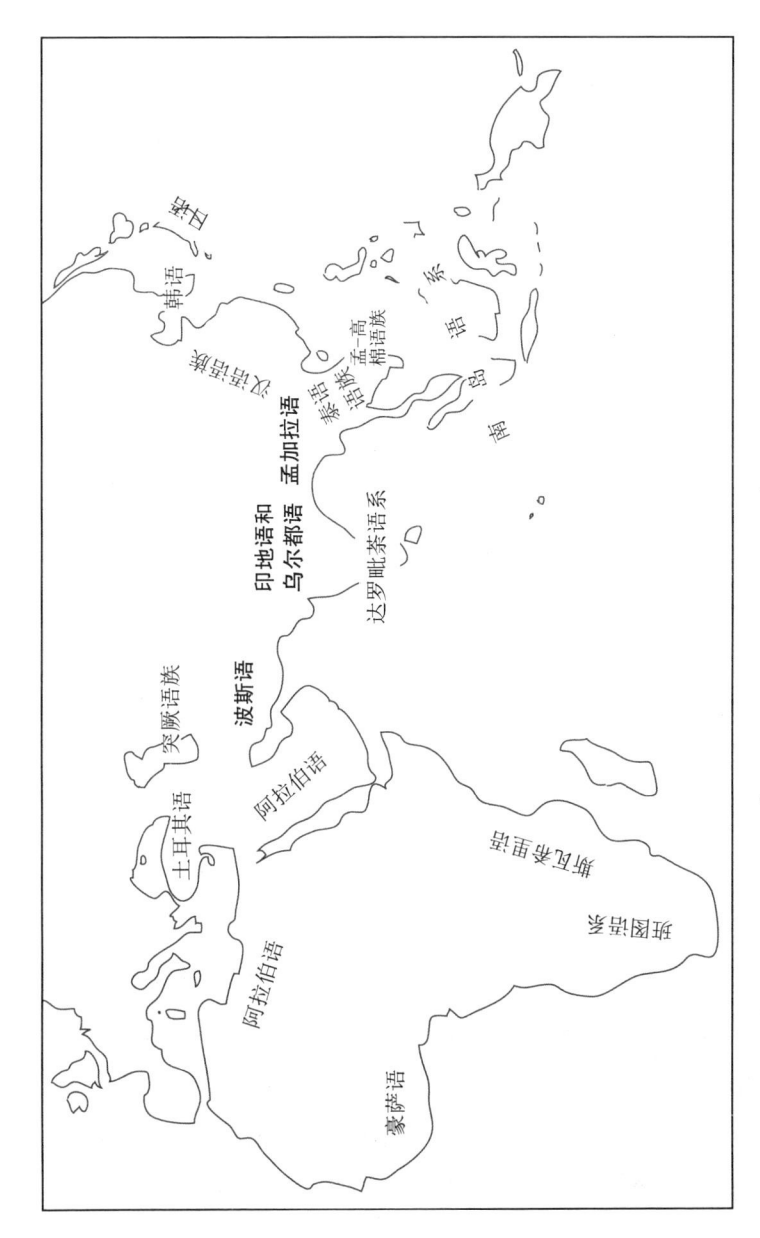

地图 4 亚洲的主要语言及语族。黑体表示该语言属于印欧语系。南岛语系的范围尤其广阔

话，操美洲语言纳瓦霍语或佐齐尔语的语言学家很可能会对英语（只有大不列颠某个偏远地区的少数几位老人还会讲）的怪异特征着迷呢。任何语言的任何特征，相对于缺乏同样特征的另一种语言而言，都可能是"怪异的"。

旧大陆的主要语族

在人类历史上，生活在欧亚大陆的人们来来往往，迁进迁出，先后建立了多个帝国。印欧语系是三大覆盖两大洲的语系（或语族）之一（见上一章地图3）。另外两大语族为规模较小的乌拉尔语族和突厥语族，前者包括匈牙利语和芬兰语，后者则涵盖在苏联南部使用的一系列与土耳其语相关的语言。在北非及近东地区所使用的主要是阿拉伯语，该语言随着伊斯兰教的传播不断发展。它属于闪语族，与其他语言也有关联，包括非洲北半部的古埃及语。

在东亚大陆，有汉语语族（包括普通话、广东话）及其西部语言如藏语和缅甸语等。然而，韩语和日语却不隶属于上述任何一个语族。分布在印度南部的达罗毗荼语系相对独立，规模较小，它的主要使用者是泰米尔人。孟-高棉语族和泰语语族均为独立语族，前者包含柬埔寨语（高棉语）和越南语，后者包含泰语。南岛语系分布于亚洲东南部的各个岛屿，包括他加禄语、菲律宾的其他语言、马来语、爪哇语及印度尼西亚的其他语言。它往东延伸至太平洋的大部分地区，往西一直到达马达加斯加。另外,亚洲其他地区还存在一些规模较小的语族,如高加索地区的语族。

非洲南半部最大的语系是班图语系,大致分布在赤道以南,主要语言有东非的斯瓦希里语,这种语言仍在传播。

语言区分什么

英语的特征之一是单复数之间的语法差异。单词 *boy*(单数)和 *woman*(单数)均用来指某个人:一个男孩和一个妇女。而单词 *boys*(复数)和 *women*(复数)则指两个或更多的人。欧洲其他语言中存在类似区别,如在西班牙语中,*la mujer* 指一个妇女,而 *las mujeres* 指许多妇女;法语中对应的说法分别是 *la femme*([la fam])和 *les femmes*([le fam])。

然而,人类大脑能够做出的区分远不止于此。为什么在上述"非怪异的"语言的语法中,单复数间的区别与其他区别相比,显得尤为突出呢?

下面以句子 *I have picked some flowers* 为例来加以阐述。很清楚,这句话表明说话者摘了至少两朵花,因为 *flowers* 是复数形式。这些花也可能分属至少两种不同的种类(比如一些唐菖蒲,一些大丽花,再加一些百合花),也可能只有一种(全是唐菖蒲或全是百合花)。以上区别显而易见,但在英语中 *some flowers* 可被用来表述以上任何一种情形。为什么操英语或类似语言的人必

· 65 ·

须在"一个"和"多个"之间做出区分,而不必对"一种"和"多种"加以区别呢?

这个问题乍一看有点奇怪,因为"一个"和"多个"间的区别理所当然更加重要。但是,为什么"理所当然"呢?它们是否更明显、更能满足相互之间交流的需要呢?抑或仅仅是因为我们所操的语言碰巧将它们做出区分呢?

可是,有些语言对此并不做区分,如汉语中通常用同一个词表示单数和复数。其他一些语言,包括美国和加拿大某些地区的语言则具有一种被语言学家称为"分离性"的语法成分,即对同一种类所包含的各成员做出区分。比如,"flower-DIST"表示两种或两种以上不同种类的花,若指同一种花,则去掉词尾"DIST"。"fish-DIST"("不同种类的鱼")有别于"fish"("一条或多条同一种类的鱼")。请注意,不同种类的事物至少有两个,而同一种类的事物可能只有一个。在此情形下,"一个"与"多于一个"的区别显得不是那么重要,处于次要位置。

另一客观区别在于看得见的事物与看不见的事物之间。说话者提及花时,花可能位于人们的视线之内或在视线之外。不管是哪种情形,英语中都可以用 *some flowers* 来表示。然而,沿英属哥伦比亚海岸居住、说瓦卡希语的人却把上述区别归入语法范畴。英语中 *this flower*(单数)和 *these flowers*(复数)有别于 *that flower* 和 *those flowers*。这一区别在瓦卡希语的语法中变得更复杂、更有强制性。大致对应于 *this* 的一个单词指"与说话人靠近或相关的"并且"能看得见的"。另一个大致对应的单词指"与听话人靠近或相关的"并且"能看得见的"。它们有别于添加了其他成分的对应词,这些词表示"看不见的"。同样,对应于 *that* 的单词表示"那边我们看见的某物",不同于"那边我们看不见的某物"。显然,两者的主要区别在于可见性,以及与"我"或"你"的联系。因此,在"一个"与"多于一个"之间已经没有必要做出区分了。

上述例子最初在约100年前被美国人类学家弗朗兹·博厄斯引用过。要从人类大体知道但并不特别在意的语言中找出类似的例子似乎并不很难。因此,以上特征常被视为"怪异的"或边缘的,但实际上,它们并非"不重要的"。

图11中有一位吊着吊带的年轻女性。很可能是因为摔断了胳膊,她才吊了吊带。我们可以用下面这句话来表达上述意思:*She has broken her right arm*。然而,她是否真的摔断了胳膊呢?假设在现实生活中遇见她,通过仔细观察,你只能确信她的脖子上吊了吊带。其他不过是猜测而已,猜测可能是错的。

我们在此讨论的是多数主要语言不做区分的特征。如英语中必须区分完全过去发生的事件和与说话时相关的事件: *She had*("have的过去式") *broken her right arm* 和 *She has*。在"have的过去式,已知的"与"have的过去式,假设的"之间则不做区分。在另一些场合,*has* 可用来表示重复从别处听到的话,但在"已知的"和"报告的"之间则同样不做区别。即使报告的仅仅是一个谣言,仍可用同样的句子来表达: *She has broken her right arm*。

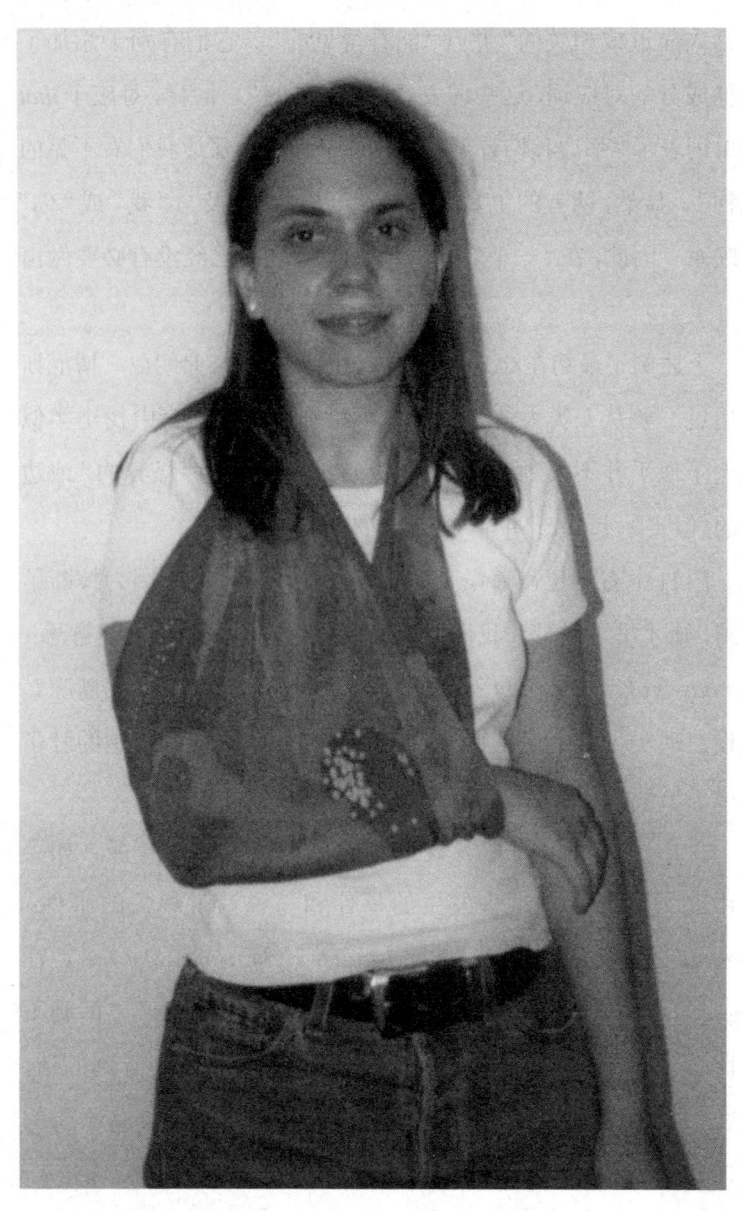

图11 一位吊着吊带的年轻女性。她的胳膊是否摔断了?

然而，有些语言对类似的现象则做出明确区分。各种论断来自不同的证据，因此说话者可根据具体的情形，选择适当的形式来表达"据素"的意义，而英语语法对此不做区分，实在是太马虎了！

例如，在南美洲的巴西和哥伦比亚交界处，有一个讲吐优卡语的民族。该语言区分五种"据素"（见下页的方框）：说话者必须在做出判断前，搞清楚是亲眼所见，还是耳有所闻，等等。若为亲眼所见，则用第一种据素形式，即"亲眼所见的"；若仅仅是听说某件事，则用第四种形式，即"间接的"。说话者也许会撒谎，但任何一句话都需有"据素"，因而没有一个完全对应于 *She has broken her right arm* 的句子。

下面将上述例句与其他几种可能做一比较。在英语中，说话者描述自己身体状况的句子 *I have a headache* 与讲述他人情况的句子具有相似的结构，如 *She has a headache* 或 *They have their hats on*。当然，虽然这三句话意思不同，但 *I have*、*She has* 和 *They have* 之间的区别显然差不多。而在吐优卡语中，后两句都可用来表述说话者的所闻，据素形式应为第四种——"间接的"。句子 *They have their hats on* 也可以表示某个说话者亲眼所见的事实，属于第一种据素——"亲眼所见的"。然而，说话者看不见他们自己或他人的头痛，若是自身的头痛，则能有所察觉，这时可以用吐优卡语中第二种据素——"非亲眼所见的"来表示。他人的头痛虽然无法亲身体验，但可从其面部表情和行为举止上做出推断，相应的据素为第五种——"假定的"。

语言学家一直期望能够在南美洲地区使用的诸语言中发现像这样的一种对于据素的区分。从吐优卡语的角度来看，英语是世界上"缺乏"据素的诸多语言之一，但这并非因为精确的交流不需要据素。之所以如此，不过是因为各种语言发展历史的不同罢了。

吐优卡语中的据素举例

吐优卡语中的据素分为下列五种：（1）"亲眼所见的"，（2）"非亲眼所见的"，（3）"显而易见的"，（4）"间接的"，（5）"假定的"。它们通常以词尾做出区分，同时表明"过去时"和"现在时"以及指代"我""你"等。在下面的第一个例子中，词尾-wɨ表示"亲眼所见的"和"过去时"，并且是"我"在说。

（1）atí-wɨ　　　　　　wáa-wi
　　　亲眼所见的　　　亲眼所见的
　　　"我来了"　　　　"他走了"
注意：我们既能看见自己也能看见他人。

（2）mũtúru bisí-tɨ　　tisá-ga
　　　非亲眼所见的　　非亲眼所见的
　　　"摩托车发出轰鸣声"　"我喜欢它"
注意：据素"非亲眼所见的"也可用于指代那些本可能看得见的事物，比如当中间没有墙的阻隔的时候。

（3）bóahõã-yu
　　　　显而易见的

"（显而易见）我把它扔了"

（提及找不到的某物）

注意：据素"显而易见的"几乎不用现在时，逻辑上讲应排除与说话者目前相关的陈述。不管亲眼所见还是非亲眼所见，任何人都清楚自己在做什么或在想什么。

（4）pũũyukí- mãnĩ-yíro
　　　　　　间接的

"吊床没了"

（听说商店没货了）

注意：据素"间接的"用于讲故事或传说以及转述刚刚听到的事情。

（5）diágo tii-kú
　　　　　假定的

"你病了"

（根据某人正在呻吟的事实做出的推断）

注意：据素"假定的"还可用于讲述一个大家公认或按常理可推断出的事实。

（基于珍妮特·巴恩斯于20世纪80年代做出的描述。鼻音化符号（~）在国际音标中表示"鼻音化的"元音，如法语单词 *on*（[ɔ̃]），[ɨ]为介于[i]和[u]之间的元音。）

说话与思维

当不同语言做出不同区分时,操不同语言的人群仍以同样的方式感知周围的世界,抑或遵循完全不同的思维模式?

以"集合"为例,它可能只包含一个事物,如一朵花或一条鱼。而英语中的 set 却不是此意,它通常与复数名词连用,这样的词还有许多,如 a set of chairs、a group of several women、a bunch of these flowers 等。这类词不能与单数名词连用,如 a set of a chair、a group of one woman、a bunch of this flower。英语必须区分名词单复数,所以不存在 a set of chair 这样的词组,其中的 chair 既可指一张椅子,又可指许多张椅子。人们使用英语进行交流时,必须对一个和多个加以区分。

为了说明集合中有时包含一个事物,我们不妨通过数学符号来进行阐释。如果从含有 a、b 和 c 的集合 {a,b,c} 中提取包含 b 和 c 的集合 {b,c},那么剩下的集合 {a} 只有一个成员 a 了。对初学者而言,这仍是一个新论断。我们是否能够做出以下推测:在英语环境下长大的人自然而然会将事物分为"一个"和"至少两个"这两个大类?

如果以上猜测成立,那么操不同语言的人群则可能因为各种语言所做区分各异而具有截然不同的思维方式。但是,我们不能仅仅根据所讲的语言来推测人们的思维和感知方式。

例如,下面两句话结构相似:The colours are nice 和 The curtains are red。colours 和 curtains 属于同一类词:复数,具有对应的单数形式(colour 和 curtain),与前后单词一致。nice 和 red 同属于

另一类词：既非单数也非复数，但有"比较级"和"最高级"形式（*nicer, nicest; redder, reddest*），都和 *are* 相连并由此与其他词发生关系。在这一点上，英语与欧洲其他主要语言相似。然而，语法相似的单词，意义却不一定相似。如 *red* 表示实物（*the curtains*）的物理属性，而 *nice* 则表达了一种主观推断。*the colours* 也是指物体的物理属性，而并非物体本身。因此，语言各有其语法特征，也就不足为奇了。表示"好"和"红"的词在不同的语言当中不一定有类似的区分，用法也可能有差异。*The colours are nice* 可以被解释为："颜色很好"或者"色上得很好"。

在英语环境下长大的人是否倾向于把颜色看作实物，或将"好"等同于"红"？抑或是仅仅因为他们已经习惯于这种使用单词的方式？上述问题不仅仅针对语言学家，而且值得哲学家和心理学家做出进一步的思考。但作为语言学家，我们至少可以找出一些更明显的例证。

一个非常有趣的例子与空间的相对位置有关。首先，我们可以运用地理坐标来表示位置，如 *Beijing is **north** of Shanghai* 或 *Chicago is **west** of New York*。另一种方法是表示内在关系，如英语单词 *inside*（*The pen is **inside** the box*）和 *between*（*Mary is **between** Bill and Andrew*）。第三种在英语中常见的方法是从某个特定视角来看待相互联系。在图12中，从相机的角度讲，两个邻近物体中的一个位于相机和另一物体之间，说英语的人可以这样表述三者间的位置关系：*The glass is **in front of** the vase* 或者 *The vase is **behind** the glass*。如果某人位于相机对面，从他的角度来

图12 桌上的两件物体。它们的相对位置如何？

看，前后关系正好相反。此时，三者关系应为：*The vase is **in front of** the glass* 或者 *The glass is **behind** the vase*。类似的表达法有 *to the left of*，其反义词组是 *to the right of*。在照片右侧看过去，玻璃杯在花瓶的左侧；在照片左侧看过去，玻璃杯则在花瓶的右侧。

英语中有许多类似的表达法，因此人们往往忽视了物体的绝对坐标。拍摄图12的照片时，相机在正南边，所以花瓶在北边。如果在现场，你可能会意识到这一点；如果有人问起的时候，或许你还能说花瓶更靠近市中心。但以上两种表述对花瓶和玻璃杯之间的位置关系并没有任何影响,真正起作用的是观看角度。

下面将英语与主要分布在墨西哥东南端恰帕斯州的佐齐尔语做一比较。据斯蒂芬·莱文森的描述,佐齐尔语中也有许多类似于英语中的 *inside* 和 *between* 的词,这些词被人们用来表示物体的内在关系。但佐齐尔语中没有像 *left* 和 *right*, *in front of* 和 *behind* 这样的表达法来表示主观坐标。相反,人们所关注的是绝对坐标,而这却是操英语者常常忽视的(见图12)。

莱文森重点探讨了一种从南部陡峭山区延伸至北部山谷的方言。假设某人看见某物在另一物的南面,两者可能都不在我们描述的范围之内,比如它们处于另一平原之上。然而,它们的位置相对于山坡而言,一个会被简单地称为是"上坡",而在北面的一个则是"下坡"。其他既不处于"上坡"也不处于"下坡"的物体相对于同一坐标而言是"横断"。对于操此种语言的人群来说,他们必定对这种定位方式特别敏感。莱文森指出,操佐齐尔语的人即使被领进一个100英里外、陌生且没有窗户的混凝土小屋,仍能准确无误地判断出所处的位置。之所以可以做到这一点,是因为他们谈论物体空间位置的方式迫使他们做出精确计算,而操另一种语言,如英语的人群则不具备此能力。

以上姑且看作语言学家对此现象做出的解释吧。不管怎样,我们清楚地知道,人类使用的语言五花八门,千变万化,以其独特的内容和多种形式诠释着人们眼中的世界。正因为如此,我们才能够多角度、多方位、多层次地思考问题。

第六章
语言是什么

前面几章主要讨论了语言的多样性、语言的演变过程以及分化出一个语族的语言。然而,语言究竟是什么呢?

作为局内人,我们通常会想当然。比如,我们都知道英语是一种语言,而法语或阿拉伯语则是另一种语言。再比如,我们说乔叟的《坎特伯雷故事集》用英语写成,《可兰经》用阿拉伯语写成,而11世纪末的《罗兰之歌》则用法语写成。奇怪的是,说现代法语的人如果在大街上遇见了《罗兰之歌》的作者,两人将无法交流。我们还知道,不同地区(如格拉斯哥和牙买加)所讲的英语各不相同;摩洛哥或阿尔及利亚的阿拉伯语不同于埃及或伊拉克的;加拿大拍摄的法语影片在法国可能需要附上对白字幕才能让人看懂。那么,变化如此之大的"语言"到底是什么呢?

显然,它们是某种抽象的存在。比如,没有一种单独的言语或书面语形式可被称为"英语",相反,它有多种变体:乔叟英语、莎士比亚英语、牙买加英语(或整个西印度群岛的英语)、南非英语、澳大利亚英语等。那么英语本身究竟是什么呢?

语言和方言

下列引言揭示出一个真理：没有任何两个人使用的语言完全相同。随着时间的流逝，某种语言逐渐派生出多种不同的方言，如意大利语和法语就由拉丁语的方言发展而来。除此之外，还有许多被语言学家称为"方言"的言语形式。它们是否真的不同呢？

> 现实生活中的语言因人而异，因此我们应一一加以区分。
> （赫尔曼·保罗，1880年）

语言学家常常被问及这样一个问题：世界上到底有多少种语言？答案是5 000到6 000种左右，肯定不超过1万种。然而，任何一个答案都不可完全相信，因为在某一地区被视为不同"语言"的，很可能在另一地区却被看作同一语言的不同"方言"而已。

意大利语言学家朱利奥·莱普斯基讲述了一个与此有关的故事。一天，在家乡威尼斯避雨时，他听到身旁两个女孩在交谈，却听不出她们使用的是何种语言。他能确信她们使用的不是他所熟悉的任何一种属于罗曼语族、日耳曼语族或斯拉夫语族的语言；甚至不像是印欧语系的语言。于是，他决定问个究竟。既然身处意大利，他便用意大利语问她们。女孩们感到非常惊讶，但随即用意大利语回答说这是她们的家乡罗塞托——亚得里亚海岸中部的一座小城的"方言"。该言语形式和分布于意大利的其他多种言语形式，以及法语、西班牙语和意大利语均起源于1 000年前拉丁语的变体。对于研究罗曼语族的专家来说，它仅仅是一种"方言"而已，但意大利威尼斯人莱普斯基却一个字也听不懂。

为什么它不能被看作一种单独的语言呢？简单说来，是因为意大利人认为它不是。进一步说，原因在于他们的文化史，尤其是意大利语作为一种书面语言的地位。"没有文学作品的语言不是语言。"这是16世纪学者彼得罗·本博对语言的定义。但是上述标准仅仅适用于具有较长书面文字历史的社会。如果"文学"仅局限于书面语，那么在世界的许多地区，"语言"起码直到近期才算出现。

国界和民族或种族的划分也会影响人们对语言的阐释。马克斯·魏因赖希的警句（见下文）最初用意第绪语说出，这是一种曾广泛流传于西欧犹太人中的语言（？）或方言（？），但它并未被某个政治集团使用。而多数语言学家的基本标准是，使用不同言语形式的人群在多大程度上能够理解对方的意思。这是一个程度的问题，部分取决于他们在多大程度上能够下意识地适应对方的言语。根据这个标准判断，来自罗塞托的两个女孩会说两种语言，她们相互间使用一种语言，而回答莱普斯基时用的则是另一种语言。

一种语言就是有陆军和海军的地区的一种方言。

（马克斯·魏因赖希，1945年）

不管标准如何，"方言"显然也是抽象的。我们是在讨论罗塞托言语的具体形式，还是在讨论包含该方言的区域到底有多大？请注意，由威廉·拉波夫确定的"纽约英语"的内部同样存在显著差异。因此，我们的根本问题涉及任何形式的言语，包括方言。

作为系统的语言

其实不必因为以上术语的定义而感到惴惴不安。"方言"和"语言"都表示我们感觉到的不同的说话方式。类似的表达法还有"patois"和"克里奥尔语"。前者是一个法语词，表示几种方言内部的某种局部的形式，后者按照语言学家的定义，是一种从早期"混杂语言"演变而来的语言形式。一些"语言"主要以书面而非言语形式为主，如目前仍在欧洲教授的拉丁语。其他的形式，如示意者使用的手势根本就不是言语形式。在以上提及的林林总总的现象之中，我们的研究对象究竟是什么呢？它的地位又是怎样的呢？

或许我们研究的是一个系统。乍一看，这个答案似乎不能令人耳目一新，因为任何一种行事"方式"，包括说话在内，都可被称为一个控制"系统"。关键在于语言系统是确定的：我们都很清楚语言使用的范围。而在语言内部，各单位形成一套直接或间接相连的关系网，各单位之间又是互相独立的。下面的引言（本来是法语）完美阐释了上述论点。

> 语言形成一个系统……系统中的每个组成部分紧密相连。
>
> （安托万·梅耶，1906年）

形成系统的关系有时是对立的，如英语中"单数"与"复数"相对，吐优卡语的五种据素（见上一章方框）也互相对立。假设某词的据素是"假定的"，则排除其为"亲眼所见的"、"非亲眼所见的"、"显而易见的"和"间接的"。这里已将所有的可能性列出，不可能出现新的类别。如果据素是四种而非五种，那么呈现出的关系网则会不同。因此，语言学家进行语言研究时，往往首先要找出目标语中相互对立的关系。

另外，我们还能从对立中提炼出规律。举个简单的例子，*boys*是英语中复数以*-s*（发作[z]）结尾的名词之一，这被语法学家称为复数的"规则"形式。"规则"（*regular*）一词起源于拉丁语*regula*，意思是"根据规律而来的"。在外语教学中，有关规律的讲解往往有助于掌握目标语的使用特征。根据语法规律，名词单数如*boy*或*girl*，其复数的书写形式是在词尾加-*s*，即*boy* + *s*或*girl* + *s*，类似的词都可参照上述规律进行复数变形。有证据显示，这些规律并非由语言学家或语言教师所发明。如*mouse*的复数是*mice*，属"不规则"形式，即"不是根据规律而来的"。确切地说，*mouse*的复数之所以是*mice*，主要是因为它的基本义为"鼠科啮齿动物"。然而，在表示"移动光标的器具"时，它的复数形式却是*mouses*，就像后方方框里的第二条普遍规律那样。20世纪50年代语言学家曾用一个不存在的词*wug*（用它指某种类似鸟儿的物种）做实验，探究儿童如何确定该词的复数形式。答案不出大家所料，是wugs（[wʌgz]）。

由此可见，规律可被看作语言学家所描述的系统的一部分。当然，规律不仅仅局限于在单词词尾加[z]，还包括单词组合及其排序方式。在句子 *A young woman will be coming* 中，*a young woman* 显然不能被 *young a woman* 或 *a woman young* 取代，虽然后者有时可能出现在古代诗歌中。同样，下面几种说法都不能接受：*be coming will* 或 *be will coming*，*Will be coming a young woman* 或 *A young will be coming woman*。人们讲话时为何需要遵循一定的规律呢？

提到所谓的"被遵循的"规律，可能会引起某些误解。比如，人们"遵循"做菜的食谱或路线图，一旦被问及为什么加鸡蛋或在十字路口向左拐，他们可能会解释说是在遵循所给的提示。显然，言语表达并不遵循这种规律。假设有人说 *Can Mary help*，当被询问为何这么说时，他不一定会解释说在问句中 *can* 要提前，或者将 *Mary* 放在 *help* 之后就是打破规律。人们只是理所当然地认为这个句子就该这么说。

然而，每一条隐含的规律都表达了真正的"规则性"。上句中前两个单词的排序方式与典型的陈述句 *Mary can help* 正好相反。同样的区别存在于问句 *Will Bill help* 与陈述句 *Bill will help* 之间，*Could you come* 与 *You could come* 之间，以及 *Was she here* 与 *She was here* 之间。从无数类似的例句中，我们不难提炼出构成疑问句和陈述句的一般规律。另外，其他规律排除了下面这个说法的可能性：*Can help Mary*。以上单词组合显然没有任何意义，也不存在对立的陈述句。同样，下面类似的句子均不成立：*Will help Bill*、*Could come you*、*Was here she* 和 *Must put it on the table Peter*。"在一般规则的情况下"，以上总结的规律适用于所有句子。

语言学家的任务是将人们认为理所当然的事实表达清楚。想想对言语的表达效果至关重要的冗余结构吧。为了实现冗余，许多不同的单词组合都被排除。当然，这种排除也是有规则可循的。虽然语言不同，但规律却是语言的核心所在。

英语中复数形式的构成方式

英语书面语中复数结构的最普遍规律是加 -*s*，如单数 *boy*，复数 *boys*。该词中 *s* 发作 [z]（[bɔɪz]）；同样，在其他许多单词中 *s* 也发同样的音，如 [klɔːz]（*claws*）、[rʌgz]（*rugs*）、[ˈwɛpənz]（*weapons*）等。该规律可归纳为：

（1）在单数后加 [z]。

在书面语中，词尾也可能是 -*es*（如单数 *box*，复数 *boxes*），发作 [ɪz]，通常出现在单数以某类辅音结尾的单词后面，如 *box*（[bɒks]）中的 [s] 以及 *rose*（[rəʊz]）中的 [z]（复数发作 [ˈrəʊzɪz]），还有 *bush*（[bʊʃ]）中的 [ʃ]（复数发作 [ˈbʊʃɪz]），*church*（[tʃəːtʃ]）中的 [tʃ]（复数发作 [ˈtʃəːtʃɪz]）和 *fridge*（[frɪdʒ]）中的 [dʒ]（复数发作 [ˈfrɪdʒɪz]）。此类

辅音被称为"齿擦音",由此我们增加了一条次规律:

(2) 在[z]和前置齿擦音之间插入[ɪ]。

最后,-s 也可发作[s],如[kats]（*cats*）、[dɛsks]（*desks*）或[klɪfs]（*cliffs*）。在上述情形中,前面的辅音（[t]、[k]或[f]）属于"清辅音"。据此,我们可以再增加一条次规律:

(3) 当前面的辅音为"清辅音"时,变[z]为[s]。

以上几条规律同样适用于部分规则的复数形式,如复数形式 *leaves*（[li:vz]）,其中规则的[z]和不规则的[v]与[li:f]（*leaf*）中的[f]并不完全对应。

它们的地位如何

多数语言学家把对规律的探讨作为研究的重点。在过去的半个世纪中,语言学研究主要围绕下面的课题展开:区分语言的单位种类,探讨语言包含的规律的形式、规律之间如何相互配合以及系统如何进一步分成子系统。这些课题同时构成语言学大部分课程的核心内容和语言学教科书的主要章节。

教科书的编排方式既能反映出现实状况,又融入了传统观念和表达的需要。我们暂且把这一点放到本书最后,在向读者推荐扩展阅读书目时再进一步详述。本章所涉及的话题是这些系统或"语言"整体的本质特征。

一种观点认为,描述一种"语言"好比描述人们的言语中所呈现的结构。"人们所说的"和"能够说的"已经是一种抽象。语言可被看作从说话者听到或接受的言语中推断出的一组理想的句子。20世纪50年代诺姆·乔姆斯基所下的定义非常经典且很实用。

我将**语言**看作一组(有限或无限的)句子,每个句子长度有限并由有限的元素组成……

研究语言L的基本目的是将该语言中**合乎语法规则的序列(句子)**与不合乎语法规则的序列(句子)加以区分,并探究那些合乎语法规则的序列的结构。语言L的语法可以生成所有合乎语法规则的序列而摒弃不合乎语法规则的序列。

(诺姆·乔姆斯基,1957年)

另一种观点则将"语言"视为系统本身。不妨从两个操相同语言的人说起,其中一人请另一人递交某物;另一人将某物传给他的同时,可能会对他说些他完全能理解的话。他们交谈的内容取决于所做的事、所传递的物品、相互间的社会关系——可能是亲密的朋友,也可能刚刚认识——或其他许多与语言无关的因素。然而,除非他俩共有相同的词汇和组词成句的规律,否则就不能进行那样的交流。此时,"语言"作为他俩共有的一个抽象系统,成为彼此沟通的桥梁。

费尔迪南·德·索绪尔

索绪尔（图13）因其《普通语言学教程》一书而闻名于世，他于1906年至1907年、1908年至1909年、1910年至1911年连续三次讲授普通语言学课程，但并没有写成书籍或讲义，直到去世后才由学生根据笔记编辑整理而成《普通语言学教程》一书。

索绪尔首先将言语活动严格区分为受个人意志支配的"言语"（法语"parole"）和社会成员共有的"语言"（"langue"）。语言本身是社会中具有客观实在的系统。第二个基本区分为某个特定时期的语言和历史发展中的语言。因此，语言学被分为两大类："共时语言学"（"同一时间的"）和"历时语言学"（"不同时间的"）。索绪尔用下棋打比方以说明两者之间的分野：共时研究好比描述某个时间棋盘上各子的位置，而历时研究则相当于说明它们是如何形成该格局的。

上述观点对20世纪20年代以后的语言学著作产生了深远的影响。索绪尔把语言看作一种"符号"系统，每个"语言符号"由"能指"（法语"signifiant"）和"所指"（"signifié"）两部分组成，如girl是由发音的心理印象（"[gə:l]"）和一个"概念"（"女孩"）共同构成的。符号正是通过同一系统中不同符号间的区别而建立的。

"结构主义语言学家"这一术语出现于20世纪30年代，特指那些明确追随索绪尔语言理论的语言学家。

图13 费尔迪南·德·索绪尔(1857—1913)

但是,"共有"意味着什么呢?根据费尔迪南·德·索绪尔(见第85页上的方框)的经典论断,系统为整个社区的所有人共有。以上观点非常接近下述看法:英语或罗塞托的方言早在人们思考它们究竟是什么之前就已出现。目前,多数语言学家倾向于乔姆斯基的观点(见下一章方框)。他认为,会说一种语言就意味着"知道"它,每个人从孩提时代逐渐习得至少一种语言。即使对于操同一语言的人群来说,他们所讲的也未必完全一样,因为每个人的人生经历和大脑发展各不相同。比如我接受家庭和学校的教育,形成我自己的"英语"系统,你会有你自己的"英语"系统。我们的"英语"在某种程度上相似,因为你至少可以读懂我写的文章。只有这部分的相似才是有效的。宽泛意义上的任何"英语"都是抽象的,处于第二位的。

然而,我们感兴趣的正是这处于第二位的概念。我们一直在讨论各种语言,如英语、阿拉伯语、法语,如埃及或开罗的阿拉伯语,如美国或爱尔兰的英语等。不同语言的身份确认实际上是一个非常有趣的哲学问题。我们在探究语言的哲学本质的同时,往往能够从看似平常的数据中发现具有启迪性的问题和隐藏的证据。

第七章

语言的系统性

如果将语言视为系统，那么原则上讲，就为语言学研究划定了范畴。"任何形成系统的都是语言学，而不成系统的则不是语言。"然而，其他区分方法则可能涵盖许多不是很确定的因素。

比如，说No这个词有几种声调变化方式呢？假设某人禁止孩子做某件不该做的事，那么这个人的音高可能从中音到低音，然后再慢慢低下去。相反，如果从高音开始，接着突然下降，那么这种音高又意味着什么呢？这个人可能在抗议："不，我不会按你的想法去做。"再如，从中音开始，音高先略微下降，然后再上升。这种音高可能是对刚刚听到的话表示怀疑："果真如此吗？"接下来让降下的音高再逐渐升上来，升得更高，表示惊讶的情感。上述模式会依英语类别的不同而改变，因此有些读者可能并不完全赞同上述的阐释。与语言的其他特征一样，音高也在不断变化。比如，英国老人常常评论说，现在的年轻人讲陈述句时总是喜欢将句末音高升高。

那么音高间的区别是否与单复数以及词序模式之间的区别相似呢？我们暂且认为答案是肯定的。一个相对的高音对应一个相对的低音，一个"特高音"对应一个"非特高音"。但是，这种分析究竟在多大程度上能被接受？让我们回到 *No* 这个词的音高上。它或是始于中音，然后突然打住，在此情形中发音类似于 *Nope*；或是被无限拖长，音高有时有细微差异，有时没有。然而，我们究竟有多大可能根据音高来区分不同的情感内涵（如"严肃"、"怀疑"或"惊讶"）呢？

从某种意义上说，这显然是"语言"，或是某个特定人群所使用的特定语言。可是，假若音高或意义差异不能归结为具体的对立，那么严格地讲，它们就不能被称作某人已知系统的一部分。于是，有些语言学家或将之划在"语言"的边缘位置，或划在"语言"之外，因为这些言语特征虽然在日常生活中"有规则可循"，却具有不确定因素。

影响单词模式的系统性是不是也更弱呢？规律中存在一些"特例"情况。比如，英语中名词复数的规律就有特例，*mouse* 的复数是 *mice*，*woman*（[ˈwʊmən]）的复数是 *women*（[ˈwɪmɪn]）。那么从单词或更大单位间的关系中能够抽象出怎样的规律呢？这些规律有特例吗？它们是否更加令人难以捉摸呢？

规律的限制

一个非常有意思的例子是包含 -*self* 或 -*selves* 的单词，如 *herself* 或 *themselves* 的用法。比较下面两个句子：*Mary got herself paid* 和 *Mary got her paid*。第二句中没有 -*self*，*her* 和 *Mary* 指代不同的人：得钱的人和另一个叫"玛丽"的人；但第一句中的 *herself* 不能指代其他人。再看另外两句：*The boys got **themselves*** paid 和 The boys got **them** paid。the boys 和 them 只能指代不同的人，而 the boys 和 themselves 却不能。

根据语法规则，包含 -self 或 -selves 的单词必须与一个"先行词"相连：herself 指代先行词 Mary，themselves 指代先行词 the boys。一个潜在规律规定，包含 -self 或 -selves 的单词必须指代与其意义相配并已出现在句中的某个成分。如果上述规律周密的话，那么此类单词就应遵循上述用法。

语言学家对这条规律做了大量的研究和探讨，并将其进一步细分为三部分，假设每一部分都有效地对语言的使用做出了限制。果真如此，那么违反这些限制至少会让人觉得奇怪。

第一条限制是，包含 -self 或 -selves 的单词必须具备一个先行词。因此，Get **her** paid 可以接受，因为 her 后面没有 -self；而 Get **herself** paid 则不能接受，因为 herself 前没有出现任何先行词。如果找不出任何类似这句话的例子，那么以上规律就得到了部分验证。

第二条限制是，包含 -self 或 -selves 的单词必须与先行词意义相配。herself 是阴性的，又是单数，所以在 Mary got herself paid 中与女名 Mary 相配。再如，下面这句话 The boys got herself paid 则令人费解，因为 the boys 通常指代两个或两个以上的男性。

第三条限制是，先行词应在句内。然而，情况并非想象当中的那么简单。例如：Mary said Jane got herself paid。May 和 Jane 都与 herself 相配，因此 herself 的先行词可以是两者中的任何一个。但根据上下文，很明显是 Jane 拿了钱，否则就不会用 herself

而会用her。上述例子表明，句内更小的单位与先行词联系时会受到进一步限制。我们可用方括号来划分界限，将该句标为：Mary said [*Jane got herself paid*]。Jane 和 herself 属于同一层，所以它们意义相配。而 Mary 位于方括号之外：Mary said [*Jane got herself paid*]。因此根据以上假设，这两个词之间没有联系。

上述第三条限制在诺姆·乔姆斯基（见方框）提出的"普遍语法"中起着重要作用。对 her 和 herself 适用的同样适用于句子的其他成分：尤其体现在非常抽象的层面上，如方括号里单位的定义方式。适用于英语的至少部分地适用于其他语言。因此该理论认为，英语的限制中包含了更多的抽象原则，这种抽象原则通常经由基因遗传而产生。

诺姆·乔姆斯基

自20世纪60年代以来，索绪尔（见上一章方框）在语言学界的影响逐渐被乔姆斯基（图14）所取代。乔姆斯基在他的第一本书《句法结构》（1957）中提出了两个著名的概念："生成语法"和"转换语法"，前者指"合乎语法"的一系列规律，后者指上面提到的语法。

乔姆斯基最重要的观点是，语言的基本特征由基因决定。我们在研究某一具体语言时，往往抽象出操该语言的人群形成于孩提时代、最终被熟练掌握的结构特征，接着研究其发展过程。这些语言结构越复杂，人们越难相信它们仅

· 91 ·

图14　诺姆·乔姆斯基（1928—　）

仅来自儿童听到的言语（在大环境之下）和其他相关的外部"输入"。如果从外部无法做出合理的解释，那么只能将语言看作是先天赋予的。

乔姆斯基认为，某人"知道"一种语言就意味着至少此人熟知该语言的语法规则。用他的话来说，每一个人都具备"普遍语法"（缩写为"UG"）的天赋。他提出的UG概念一直在不断发展变化；在20世纪80年代他较有影响的理论中，UG概念涵盖了适用于所有语言的语法规则，以及当孩子学习不同语言的时候，随语言的不同而变化的"参数"。

不管乔姆斯基的理论是否令人信服，它对语言学及其他诸多学科都有深远的影响。

规律是绝对的吗

这是一个值得深思的问题，许多教科书提及了这一点，下面还会附有具体的例子。但是我们要问的是，规律系统是不是完全确定的。实际的言语和书面语是否忠于既定规则呢？

让我们先来看一看下面方框中描述的特例。两句中包含-self的词都没有先行词，明显违反了上述规律的第一部分。而且，两句完全可以使用不包含-self的词：*I and most other GPs*，*either **hím** or*（强调程度相同）*some **óther** minister*。另外，两句中包含-self的词都与另一表达式连用，一句由*and*与*most other*

GPs连接，另一句则是"either... or ..."结构的一部分。第一句the guidelines that myself adhere to中的myself一般不可单独使用，但受过教育的英国人将myself与and连用的情况则非常普遍。例如Myself cannot come this afternoon，这个句子听起来很别扭，但以Pat and myself ...或Our wives and ourselves ...开头的句子就很正常。在最后一句里，我们一般不说our wives and we。

为什么不用不包含-self的词

The guidelines that myself and most other GPs adhere to

（全国医学总会会员，广播采访，1999年3月）

Would it be possible at some stage to require either himself or some other minister to ...

（英国国会下议院的提问，1992年12月）

到目前为止，我们探讨的不过是一个特例而已。一般来说，包含-self的词需要有一个先行词，但它与并列表达式连用时除外。然而在其他情况下，这种表达可能会受到某个其他因素的影响。

下面让我们回头看看包含-self的词与不包含-self的词的基本区别。在He extricated himself中，"himself"（暂且这么用）等同于"he"；而在He extricated him中，"him"却只能表示其他人。那么，myself和me的情况又是怎样的呢？乍一看，它们同样吻合上述模式。在I extricated myself中，包含-self的词也是与先行词相

· 94 ·

联系，所指也为说话者"I"。而在 *I extricated me* 中则出现明显的矛盾，*me* 不包含 *-self*，因此所指应为其他人，怎么可以仍是说话者本人呢？据此逻辑，*me* 在该句中讲不通。

根据同样的推理，我们可以说 *You extricated yourself*，而不能说 *You extricated you*。然而，人们实际说的并不一定与他们经常说的完全一样，请见下面方框中的三个例句。第一句可以用 *for yourself*。但请注意这句中的 *you* 必须重读：*You do an MBA for yóu*。第二句中的 *me* 可以换成 *myself*，同样需要重读：*I bought it for mé*，借此将说话者与其他家庭成员（包括狗）区别开来。第三句中的 *me* 和 *I* 同样重要：*Í'd have held the gun at mé*，这里的 *me* 可以用 *myself* 代替。然而也许有人会想，被枪对准的那个真正的"我"与另一个想象中的变成另一个人的"我"有着微妙的差别。

为什么没有 *-self*

You do an MBA for you: it's the first step to being an entrepreneur.

（《经济学家》上的广告，20世纪90年代）

I bought the [make of car] for me, but everyone else thinks it's theirs.

（电视广告，2002年）

If I'd heard what you'd heard I'd have held a gun at me.

（电影，时间不详）

从以上例句来看，句子 **Yóu** extricated **yóu** 是否成立呢？很难想象在哪种情景中可以这么说。当我们考虑某个因素（如重音）时，要在可能与不可能之间做出区分并非易事。

下面来看最后一个方框。根据上述规律，句子 Mary said [they got herself paid] 不成立：一方面，herself 的先行词不能是 they，因为这两个词意义不相配；另一方面，herself 也不能与方括号外的 Mary 产生联系。然而，特罗洛普的作品中却有这么一句话：**She**（先行词）was sure [that he（不相配）would never fall in love with **herself**]。它和简·奥斯丁作品中的另一句话都推翻了我们刚刚讨论的规律。尽管两部小说均写于 19 世纪，但现代人都能毫不费力地读懂。在简·奥斯丁的那句话中，方括号部分为：[that Mr Knightley must marry no one but herself]。很难想象她还能用其他什么词，也许 no one but her 也行，但是那样的话，意义表达得似乎不太到位。人物"爱玛"就是 through her 中的那个"her"。如果在 no one but her 中重音不在 her 上，则很可能被误解是指代他人（根据上下文，可能是哈丽雅特），至少是指代她们两个人中的任何一个，试比较一个更为直接的例子 Mary said [that he had paid her]。

先行词在哪儿

She was sure that he would never fall in love with herself.

（特罗洛普，《阿亚拉的天使》，23）

It darted through her, with the speed of an arrow, that Mr Knightley must marry no one but herself.

（简·奥斯丁，《爱玛》，III. 11）

Bagshaw was at once attentive to the idea of an American biographer of X. Trapnel seeking an interview with himself.

（安东尼·鲍威尔，《暂时的国王》，4）

在句子 *Mary liked [Jane paying it to herself]* 中，*herself* 若不重读，则与方括号中的 *Jane* 相联系。再来看上面最后一句中鲍威尔的这句话，*himself* 虽与 *an American biographer of X. Trapnel* 相关联，但后者却不是它的先行词，先行词可能是这一层次之外的 *Bagshaw*。那么为什么鲍威尔不用 *him* 呢？也许是为了用来指代特拉普内尔（Trapnel），一个在故事中早已不在人世的人物。

给我们的启示

如果因为规律存在例外而得出结论说语言学家不必尝试着总结规律，那就大错特错了。乔姆斯基及其追随者提出的原则至少为我们揭示出了英语的许多形式，而且这些形式是从多种不同层面抽象而来的。

在抽象的最高层面，许多语言学家探寻着揭示语言普遍特征的限制，其中首推乔姆斯基的普遍语法。如果乔姆斯基的理论正确，那么将注意力集中于主要方面，排除干扰因素，抽象出语言规律是很有道理的。

抽象的较低层面有一些所谓的规律之下的特例。它们虽然相悖于一般原则，但仍具有明确的适用范围。比如，在某些特定的条件下，人们可以说 *myself and most other GPs*。在更低的层面，人们很难对某种语言现象做出解释。我们必须经常密切关注人们在某个特定情景中说话或写作的状态。

此类单词的用法往往逐渐变得越来越具体，都可以被归纳到词典中去。试比较下面两句话：*They controlled themselves* 和 *They behaved themselves*。第一句中的 *themselves* 与 *them* 相对，因而很容易被重读：*They controlled themsélves*（而不是别人）。另一句中的"to behave oneself"则是一个独立的复合结构，包含 *-self* 的词是该结构的重要组成部分。相反，句子 *They behaved **them*** 则没有任何意义。类似形式在习语词典中还有不少，如 *You must pull yourself together*。"to pull oneself together"是一个整体，其意义不能从每个单词的字面意义加以推断。这句话可被改写为 *You must pull him together* 吗？这样一来，我们将发现自己最终被文字游戏所困扰。

语言之所以如此诱人，原因之一在于它能供人们在不同的抽象层面上对其进行分析和研究。许多语言学家发现细节常常使人着迷不已，有些人则饶有兴趣地玩味着语言中缺乏系统性的东西，因为正是这些才最清楚地反映出人们说话及写作时稍纵即逝的情况。对许多人而言，抽象模式虽然深奥却极具启发性，要想彻底搞懂它就需要将其他一切抛开。语言学是一门范围很广的学科，它包含各个学派的观点。

第八章
声　音

与单词和意义一样,声音单位之间也存在对立关系,如英语单词 *den* 或 *door* 中的 [d] 不同于 *ten* 或 *tore* 中的 [t] 以及 *pen* 或 *pour* 中的 [p]。单词 *ten* 中的 [ɛ] 对立于 *tan* 中的 [a] 或 *tin* 中的 [ɪ]。另外,[ˈbɪləʊ]（*billow*）的首音节重音与 [bɪˈləʊ]（*below*）的第二个音节重音相对。当然,基本的依据在于每个单词的意义各不相同。

不同语言也具有不同的语音系统。比如,西班牙语共有五个不同的元音,分别对应于罗马字母 *a*,如 *caro*（"亲爱的"）和 *carne*（"肉"）,以及 *e*,如 *dedo*（"手指"）和 *dentro*（"内部的"）,等等。可以想象西班牙人学英语可能遇到的问题之一是,英语元音不仅在数量上多很多,而且不同类型的元音遵循不同的规律。

英语中的元音明显多于西班牙语中的元音。如西班牙语 *dedo* 或 *dentro* 中的 *e* 的发音类似于英语单词 *dead* 中的 [ɛ]、*dado*（[ˈdeɪdəʊ]）中的 [eɪ]、许多方言中的长音 [ɛ:] 和 *dared* 中的双元音 [ɛə]。与此不同的规律可能没有这么明显。许多英语单词以元音结尾,如 [eɪ]（*day* [deɪ]）和 [i:]（*tea* [ti:]）,还有一些单词如 *paying* 和 *seeing* 中的 [eɪ] 和 [i:] 分别与另一个元音相连。

而元音[ε]和[ɪ]却不存在上述模式，因为在[deɪ]和[dε]或[tiː]和[tɪ]之间没有对立。该特征属于传统上称为"短"元音的那一类元音（方框中的A类）。由此，我们可以归纳出一条普遍规律，即此类元音仅仅在某些特定条件下才可能存在。

上述规律涉及的单位本身都是抽象的。那么它们又是如何与说话者发出的声音这一物理现实联系在一起的呢？

答案看起来似乎很简单。当人们书写*pat*这个单词时，先写字母*p*，然后是字母*a*，最后是字母*t*。口头表达时，它被分为三个连续的"音"：首先是"音"[p]；[p]结束时，发第二个"音"[a]；接下来发最后一个"音"[t]。每个"音"都是说话者向他人传递信号的一个"部分"。当单词组合在一起时，便形成较高层次上的"部分"。

如果事实真是这么简单，也就不必把"音"或"部分"放在引号里了。看看图15中的声谱图吧。在第一章中，我们引用了相同词组的波形图（图1）来阐述此类信号的连续性。当时我们只需要波形图。比较而言，声谱图包含了更多信息，但即便如此，人们仍然无法判断对应于单词的一个"部分"和对应于元音、辅音的"音"的起止点。

究其原因，我们需要了解产生听觉信号的基本机制。

英语中的两类元音

目前使用的音标适用于英国南部的英语，在其他变体中存在不同的对立关系。南部英语的元音分为两大类，每类各包含六个音，这六个音均可根据后接辅音的单音节词做出区分。

A类（"短"元音）

ɪ（*pit*）　　　ʊ（*put*）

ɛ（*pet*）　　　ɒ（*pot*）

a（*pat*）　　　ʌ（*putt*）

以上六个音还可通过重读音节加以区别，如左栏的三个音分别出现在下列三个单词中：*bitter*（[ˈbɪtə]）、*better*（[ˈbɛtə]）和 *batter*（[ˈbatə]）。但是，这六个音只有在后接辅音时才能被区分开来。

B类元音也有六个，其中两个是"长元音"，四个是"双元音"。

B类

i:（*beat*）　　　u:（*boot*）

eɪ（*bait*）　　　əʊ（*boat*）

ʌɪ（*bite*）　　　aʊ（*bout*）

B类元音不需后接辅音就能被区分开来，如左栏三个音分别出现在下列单词中：*pea*（[pi:]）、*pay*（[peɪ]）和 *pie*（[pʌɪ]）。

B类元音两栏的排列方式反映出双元音的特征。[eɪ]和[ʌɪ]的发音逐渐向 *pit* 中的[ɪ]靠近，[əʊ]和[aʊ]的发音则向 *put* 中的[ʊ]靠近。

· 101 ·

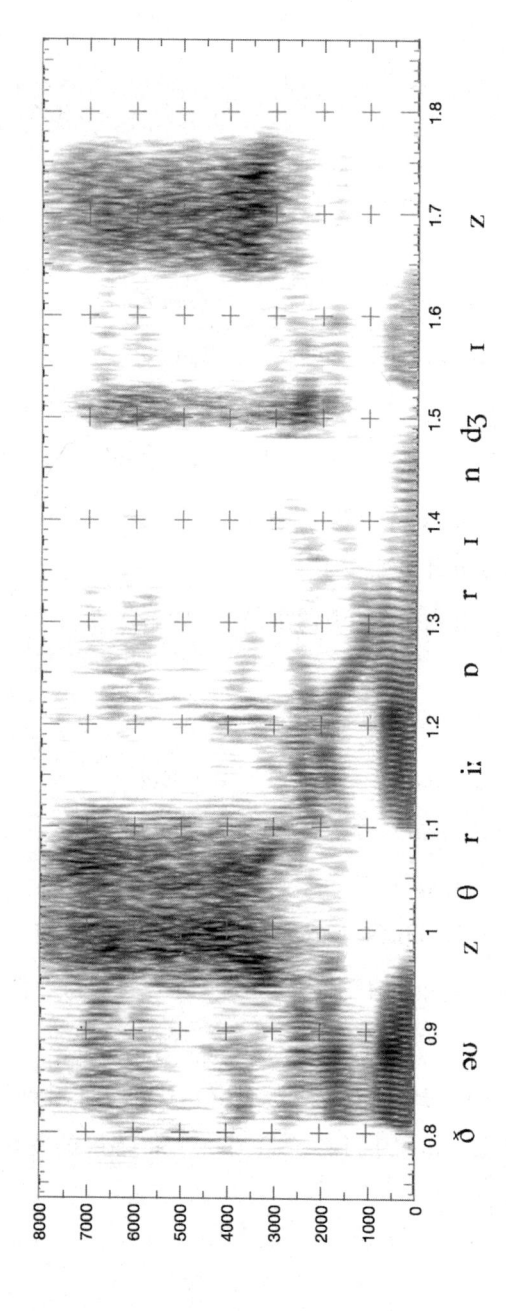

图 15 *those three oranges* 的声谱图。声谱图揭示出声能在一定范围内的变化频率,从左到右表示时间,间隔为十分之一秒,从下到上表示频率,以赫兹为单位。超过某点的较高值的声能用较深的阴影来表示。图下方的国际音标显示出何时可以听到连续的元音和辅音:[ðəʊz](*those*)[θriː](*three*)[ɒrɪndʒɪz](*oranges*)

声音是怎样产生的

医生在检查病人的咽喉时,通常要求病人发"Ah"音,这是人类发音器官能够发出的最简单的声音之一。我们不妨以此为例,看看声音是如何产生的。

当人们发"Ah"时,空气平稳地从肺中排出。如果对此感到怀疑,不妨试着发"Ah",并持续几秒,最终会感到有气流出来。这股气流从咽喉底部穿过喉头——带有两片平行膜形成的阀的盒状器官。这两片膜就是声带,平时正常呼吸时是分开的。当发"Ah"时,声带并拢并在肺中气流经过时产生振动。不同的振动频率导致不同的音,如"Ah"和口中的吹气声,以及"Ah"和"Ha"之间的差异。发"Ha"时,一开始声带并不振动,但可以听到气流的排出。另外,发高音"Ah"和低音"Ah"时,声带振动也有所不同:前者振动快而后者振动慢。

气流接着经过咽喉和嘴,好比经过一个复合共鸣器。声带振动时,其中的空气随之振动,通过变化嘴的大小和形状,使之发生不同频率的共鸣。发"Ah"时,上下颌张大,舌头平放并缩回,上述情景可在镜子中清楚地看到。下面与另一发作"Eee"的音做一对比。发"Eee"时,上下颌间隔缩小,如果发得稍微夸张一些,嘴唇会向两侧拉开,舌头会向前伸展。声音的共鸣随着口腔大小和形状的变化而改变。"Ah"和"Eee"的主要区别在于3 000赫兹频率以下三个不同的声能集中。发"Ah"时,两个声能集中的频率很低,第三个较高;发"Eee"时,一个声能集中接近最高值,另一个稍低,还有一个很低。

图15中的横条纹代表类似的声能集中。试比较three中的[i:]和oranges中的[ɒ]这两个音标的频率。我们能够很清楚地看出为什么[i:]和[ɒ]不能被截然分开。人们在发音时,可以从镜子中看到舌头快速地往回缩。同时,舌前部也在运动,不断改变着共鸣器的形状。上述连续的变化导致听觉信号的不断改变。这种差异反映在图15中就是横条纹在某个频率幅度之间上下起伏。

在一般的言语中,类似的音效通常与其他因素共同起作用,有些甚至还可以被单独感知。拿"Shh"这一要求别人安静的发音来说,人们在发这个音时在镜子中几乎什么也看不到,但是却能感觉到舌头向嘴前方抬起,舌两侧与上牙槽紧密接触。来自肺部的空气从中间的狭窄通道中挤出,冲向齿前。我们不妨将之比作河流经过峡谷,牙齿好似一排巨石。水流撞击巨石时,快速而湍急。气流同样如此,"Shh"音就好像湍流的声音。

发"Shh"时,声带形成的阀门张开;发"Ah"时,声带则产生振动。因此,在Shah这样的单词中,人们能够很容易根据"音"的不同特征及出现的时间分辨出辅音[ʃ]和元音[ɑ:]。three中的[θ]发音时是将舌尖放在上下齿中间,气流从上齿冲出,因此也具有湍流的特征。如图15所示,它的音响效果不同于元音中的"Eee"类音的特征。

然而,要在[θ]和[i:]中间辨认出[r]却非易事,如[ri:d](reed)中的[r]也是由于声带振动而产生的。显然,声带受制于舌头以外的肌肉和控制下颌及其他相关器官的肌肉，因而具有更加敏感的动作协调能力。

塞　音

让我们对 *pat*（[pat]）一词做更详细的描述。人们可以感觉到或从镜子中看到，刚开始发这个音时嘴唇微微抿起。发 *mat*（[mat]）时，嘴唇同样抿起，并使空气从鼻腔中通过。气流流经的鼻腔可被看作为下一个音做准备的共鸣器。但在 [pat] 以及"Ah"和"Shh"中，气流却被阻滞，导致空气不能被排出。

发音时气流通路闭塞的辅音被称作"塞音"。[pat] 中包含三个不同的"部分"：先是塞音 [p]，然后是 [a]，最后是塞音 [t]。发 [t] 时，我们无法在镜子里看见气流通路闭塞，但能够感觉到舌尖伸向上齿后部区域。这样就阻止了空气外流，气压也随之升高，最后听到的声音是空气在第二次闭塞后释放的产物。

[a]"音"处于两次气流闭塞之间，但它并非想象中的那么简单，所以仍然放在引号中。

先来看喉头以上部位器官的运动情况。当嘴唇合拢时，上下颌间距变小，正如发 [p] 的情形。嘴唇张开时，下颌向下拉，平放在嘴里的舌前部也跟着往下，这种情形出现在从 [p] 到 [a] 的转变。从 [a] 到 [t]，下颌再次向上；同时，舌头上抬，往该辅音的目的位置靠近。发 [p] 和 [t] 时共鸣器的大小和形状都不相同。因此，两者的听觉信号也不同，正如前面图 15 中显示的从 [i:] 到 [ɒ] 的转变。

20世纪50年代所做的一个著名实验证明了上述转变的重要性。发 *tap* 或 *cat* 时，嘴唇、舌头和下颌的运动都不同，因此声谱图中代表声能集中的条纹上下起伏不定。由此可见，这种方法将条纹代表的输入言语进行了人工合成。虽然受试者听到的[p]、[t]和[k]只是短暂的停顿，但仍可感知到这三个辅音之间的差异。

下一个问题是：在[p]和[b]或[t]和[d]之间存在怎样的差异？发这两组辅音时，嘴唇或舌头的运动基本相同，主要区别在于声带张开或振动的次数。

图16显示出许多操英语者言语间的差异。发 *totter* 和 *dodder* 时，气流在嘴里闭塞两次，且都后接元音。接下来看看气流闭塞处的情形。发 *totter* 时，声带没有立刻振动，所以存在气流继续流动的间隙；阻塞消除后，嘴唇里的气流则升高。发 *dodder* 时，声带会立刻振动，因而没有间隙；阻塞消除后，气流将降低。在 *poppy* 和 *Bobby* 这一组单词中可以发现类似的区别。闭塞结束后，声带开始振动时，发出了元音之前的[b]；振动受到阻滞时，发出了[p]。

除此之外，还能发现一些其他区别。[d]处于两个元音之间（如 *dodder*）时，声带振动较早，气流在口腔中受阻后振动马上消失（如图16所示）。发[t]时，气流立刻阻塞。另外，[d]前面的元音延续时间较长（再见图16）。以上差异常见于从元音到塞音的转变，而非塞音内部的变化。

图16描述了许多操英语者讲话时的差异。注意：不是所有人都存在这种差异。当然，其他语言存在的不同情况也被发现了。

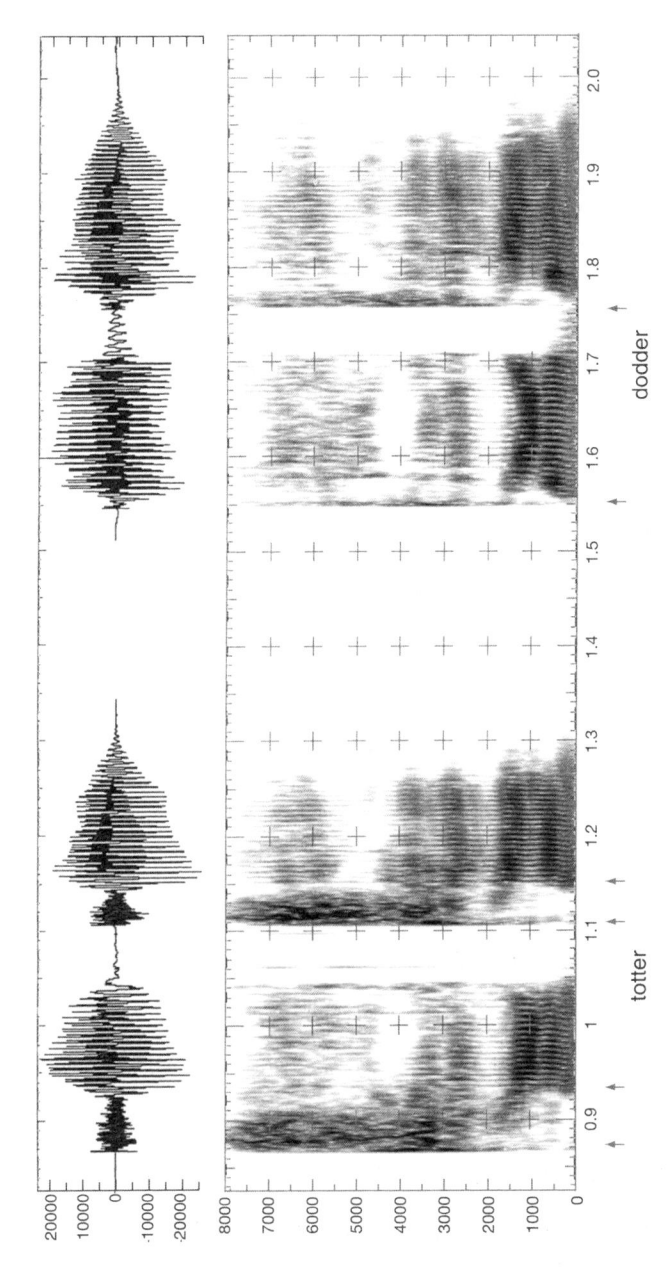

图 16 totter 和 dodder 的波形图和声谱图。箭头表示闭合结束点，在 totter 中还表示声带声带开始振动前的间隙

有些语言却不存在类似的对立关系,比如一些澳大利亚的土著语言。相同的辅音对于操欧洲语言者而言,有时听起来像[p]或[t],有时却像[b]或[d],在欧洲语言内部甚至还存在着进一步的差异。比如,英国人刚开始学习意大利语时,可能搞不清应该如何发音。如英国人发 *babbo*("爸爸")这个词,一开始嘴唇闭合时,声带便开始振动,并在接下来的两个元音及第二次闭合中一直持续振动下去。发 *pappa*("面包糊")时,声带振动应始于第一次闭合,止于第二次闭合。其他语言区分出三种类型。第一种类似于英语中的[t],声带振动明显迟于闭合结束点,此类辅音传统上被称作"送气"音。第二种类似于意大利语中的"p":闭合期间声带不振动,闭合结束时没有明显的阻滞。第三种的发音类似于"b"。这样我们就区分了四种塞音中的三种,在乌尔都语和印地语中,四种塞音都存在。

超越元音和辅音

像 *pat* 这样的单词并不是由音的三个"部分"——[p]+[a]+[t]组合而成。相反,语音单位如[p]、[a]和[t]可被看作某个系统内部有意义的抽象概念。我们不禁要问:是不是所有的抽象概念都像字母书写体系所呈现的那样呢?

让我们来看一看嘴唇所起的作用。当人们说"Ah"时,颌大张,嘴唇也张开,唇型有限。唇型虽是整体的一部分,但其本身也是独立的。发"Ooo"时,嘴唇缩拢或变圆,但可以保持其他发音器官不变,这时嘴唇往两边拉,如发"Eee"时的情形。另外,发

"Ooo"和"Eee"时,舌头的位置也不完全相同;发"Eee"时,舌头的位置保持不变,嘴唇变圆,正如法语单词 *lune*("月亮",[lyn])中元音的发音,操英语者在学习法语时可能会意识到这一点。

因此,可将法语单词 *lune* 中的"圆唇"看作一种抽象单位,这种单位很可能会混淆国际音标中字母的元音和辅音。

以英语单词 *clue* 为例:按照一般的国际音标标注法,它的首辅音与 *clean* 的首辅音一样。就唇型而言,后接的元音在发音时要么像"Ooo"要么像"Eee":相对于[kli:n](*clean*)来说,发[klu:](*clue*)时嘴唇是圆形的。但我们无法解释为什么唇型应与舌位相对应。在 *two clues* 中,*two* 以同样的元音结尾,因此在整个发音过程中,嘴唇一直或大部分时候都是圆形的。试比较下列两组中的[kl]:在 *three clues* 中,唇形在发完 *three* 中的[i:]时可能迅速改变;发 *two cleans* 时,情形正好相反。若单发 *clues*,唇形则一直保持不变。这是否意味着圆唇仅仅是属于[u:]的一个特征呢?

上述问题在土耳其语中显得尤为突出。下页方框描述了圆唇和"不圆唇"特征在音节间传递的规则模式。在单词 *köyün*("村庄的")中,第一个元音类似德语中的"ö",是圆唇音;第二个元音类似德语中的"ü",仍是圆唇音。相反,单词 *elin*("手的")中的两个元音都是"不圆唇"音,发音时嘴唇向两边拉开。两词均以属格词尾("……的")结尾,该词尾与大多数词尾一样,因前置音节不同而变化。因为单词 *köy*("村庄")中有圆唇音,所以它的属格词尾 -*ün* 也是圆唇音。相反,*el*("手")中没有圆唇音,因此它的属格词尾 -*in* 也就不是圆唇音。

土耳其语中"元音和谐"的规则模式

下列词语既包括含有属格词尾（GEN）的，也包括不含属格词尾的。第二、第四列中，倒数第二个音节为"圆唇"音：*ü*、*ö*、*u*和*o*。它们的词尾也是圆唇音（-*ün*或-*un*）。而第一、第三列的对应元音则为"不圆唇"音：*i*、*e*、*ı*和*a*，因而属格词尾也是不圆唇音（-*in*和-*ın*）。

在前两列中，每个单词倒数第二个元音被称为"前元音"：*ü*和*ö*是圆唇前元音，*i*和*e*是不圆唇前元音。词尾同样也是前元音：圆唇前元音-*ün*和不圆唇前元音-*in*。后两列中对应的元音则是"后元音"：圆唇后元音*u*和*o*与不圆唇后元音*ı*和*a*。

deniz	tütün	kadın	sabun
"大海"	"烟草"	"女人"	"肥皂"
deniz-in	tütün-ün	kadın-ın	sabun-un
"大海-GEN"	"烟草-GEN"	"女人-GEN"	"肥皂-GEN"
el	köy	adam	son
"手"	"村庄"	"男人"	"结尾"
el-in	köy-ün	adam-ın	son-un
"手-GEN"	"村庄-GEN"	"男人-GEN"	"结尾-GEN"

上述规则模式适用于大部分的类似词尾，当然不排除存在某些特例。

因此，元音可被归为两类："闭元音"和"开元音"，前者发音时，下颌和舌头的位置相对较高；后者发音时，下颌和舌头的位置则相对较低。

	前元音		后元音	
	不圆唇	圆唇	不圆唇	圆唇
闭元音	i	ü	ı	u
开元音	e	ö	a	o

上述模式被称为"元音和谐"中的一种，即只是在元音之间存在这种对立关系。另外，它还可从土耳其字母的书写体系中反映出来。该书写体系最早在20世纪被接受，是"一战"后土耳其之父穆斯塔法·凯末尔领导下的西化运动的一部分。元音被明确而简捷地分为四个圆唇音（见方框）和四个不圆唇音。实际上，和谐不只限于元音之间，前文提及的单词 *köyün* 的各音节之间也存在和谐。在该词的发音过程中，嘴唇自始至终噘着。因此，"和谐"可被看作贯穿于所有音节之中。

方框中的单词还存在第二种模式，即词尾"和谐"。在单词 *sonun*（"结尾的"）中，*son*（"结尾"）和属格词尾 -*un* 都是圆唇音，但舌头的位置将它们与 ö 和 ü 区别开来。单词 *adamın*（"男人的"）中的 *adam* 和 -*ın*（注意上面没有那一点）则是不圆唇音，但它们不同于 *elin* 中的 *e* 和 *i*。要发好"ı"音，操英语者不妨先发 *push*，再把嘴唇向两边拉，唇形类似于"i"，但舌位却不一样。

舌头是一个更加复杂的器官，它和下颌的位置共同影响着从喉头到牙齿的整个共鸣器的形状和音量。这些元音的归类方式可做进一步的抽象概括。很明显，它们都是成对出现的，像 i 和 $ü$ 以及 $ı$ 和 u。属格词尾和其他词尾的变化便是强有力的佐证，如 e 相对于 $ö$，a 相对于 o。而 $ö$ 和 o 之间最明显的区别在于：发 $ö$ 时，舌头靠近嘴前部，而发 o 时，舌头则靠近后部。下列成对的发音之间存在同样的差异：i 和 $ı$，$ü$ 和 u，以及 e 和 a（不同于英语中的元音）。

然而，差异不仅仅限于音节的某一"部分"。如发 $köy$（"村庄"）与 $kadın$（"女人"）中的"k"时，舌位就不完全相同，就像英语中 key（[ki:]）和 car（[ka:]）中的 [k]，虽然写出来一样，但实际发音并不一样。基于此，就土耳其语而言，我们不妨认为"和谐"是从相邻整体音节中抽象而来的。

并非所有的语言学家都赞成上述观点，但有一点我们必须承认："声音"单位是抽象的概念。它们与言语的物理现实之间存在着错综复杂的联系。

第九章

语言与大脑

我们智人具有超大容量的大脑。"超大"并非指它的绝对尺寸,任何一个大型动物的大脑肯定超过一只猫或一只老鼠,关键在于大脑尺寸和结构与整个身体尺寸的比例。从生物学角度来讲,人类比一般的有胎盘哺乳动物要"聪明"五倍。

我们的近亲同样拥有较大的大脑,距今300万年前的"人科动物"或"类人类"化石都可作为佐证。能人的大脑在100万年中不断发展,逐渐超过其他物种,成为被古生物学家归于与人类同属的第一个物种。另外,距今约100万年前的直立人的头骨似乎更大,相关记载可以追溯到距今40万年前,能人的化石已被归入人类。这种由化石推断出的"聪明"程度仍是完全由体质确定的。我们不禁试着将能人的进化与一些具体行为模式相联系,而不仅仅是能人的智力增长情况,这些行为模式将人类与黑猩猩及其他猿类区别开来。其中,言语便是最重要的标志之一。因此,许多人提出,语言或至少类似语言的交际形式应该起源于人类大脑快速发展的阶段。

人类和其他灵长类动物大脑的"急剧发展"主要发生在大脑皮层的前部。皮层是指构成大脑两半球沟回的表层灰质。我们可以通过提取化石头骨的内部形状来观察灭绝物种的皮层皱褶。某些理论家想要找出更多的细节。首先，不妨假设语言控制区位于大脑皮层的某个特定区域。如果在我们祖先的大脑皮层里存在相对应的区域，那么这两个区域必然应该拥有类似的功能。因此，可以说在大脑进化的同时，类似语言的行为也跟着进化了。

从以上观点可以做出许多假设，首先是我们至少可以知道语言控制区所处的位置，即使我们说不清控制的过程。但语言控制区的位置，我们是否能清楚确认呢？

为什么语言学不能做出解释

涉及"如何"的问题往往令人头疼。我们知道言语中的声音是如何产生的，声带、舌头和其他器官是如何运作的。我们还大体知道人体器官是如何被神经系统控制的。但我们却不知道大脑是如何决定某些单词组合的。既然我们将单词分解为许多个单"音"，我们希望可以做出大胆的推断：*no* 这个单词由 [n] 和 [əʊ] 这两个言语中其实并不存在的单位构成。它们可被看作在有意识的理解层次上建立的抽象概念，而非大脑分析的产物。它们无助于我们的理解。

不妨将此与我们观察事物的方式做一比较。比如，看见一辆车从身边呼啸而过意味着感知它的位置变化，这辆车被视为相对于"背景"而运动的一个"目标"，这个"背景"也形成于对视线内其他物体的总体感觉之上。可以想象，进入眼睛的光的模式在大脑中被进行类似的分析。判断目标的主要依据是形状和颜色。同时，大脑还会根据光模式的变化来确定目标的运动方式。因此，感知汽车及其运动方式是一次经验中不可分割的两个方面。

当然，上面这句话在意识层面上完全正确。然而，脑科学家却告诉我们，负责探查运动的系统实际上并不等同于探查形状或颜色的系统。相关证据主要来自针对与人类进化相似的其他动物的眼睛和大脑所做的实验。另外，科学家的发现在极个别病人（患病或受伤后大脑受损导致某个系统功能丧失）身上得到了进一步验证。其中一个病人虽然能够看出车的形状并感知它的运动，却没有颜色的概念，红色、蓝色等在他眼里没有任何差别。另外还有一个经典病例：一个病人能够准确无误地判断出车的形状和颜色，但奇怪的是看不出车在运动。

以上发现提醒我们：论及大脑中的灰质，我们都不是专家。语言学家所研究的系统是人类有意识地理解大脑和行为的抽象概念。如果把这些当作探讨大脑运作的指导原则，那就未免有点天真了。

这一警示在一定程度上适用于"语言"本身。语言学家研究的对象是我们称为"语言"的抽象概念。当我们谈到"语言"的时候，通常谈的都是语言的基本属性。因此我们必须提醒自己，从语言中到底能提炼出多少特征。首先，说话并非唯一一种有意义的行为方式。人们可以一言不发，用手指着某物，大笑或微笑，失望地举起双手，急向后转，然后快速离开。在某些国家，鞠躬表示尊敬；而在另一些国家，同样的动作却表示讽刺。所有这一切都被排除在"语言"之外。另外,我们还从言语本身的许多特征中提炼出一些东西,如语速缓慢、耳语或大声叫喊分别蕴含不同的意义。但以上这些都不在语言学家研究的范围之内。他们所关心的是孩子在学习其他知识和技能的同时,是如何掌握某种语言的。根据常识,学说话是一件很普通的事情。但在学说话的同时,孩子的大脑未必能得到相应的发展。

下面以人们谈论单词意义的方式为例,来做进一步的说明。也许用"各种各样的方式"更为确切,因为不同的语言学家对如何描述单词的意义持有不同的看法。然而,他们一致认为我们不必通过描述整个世界来阐述某个单词的意义。举例来说,单词 *fox* 不同于其他的单词,如 *vixen*、*badger* 或 *rabbit*。狐狸的生理结构或行为方式,以及某个种类如赤狐(*Vulpes vulpes*)的数目和分布都不在该词的意义范畴之内。解释 *swim* 时,也不必牵涉浮力或推进技巧。当然,划分范畴很难,不过倒是给我们提了个醒。不管怎么说,将如何使用单词的知识与许多语言学家所谓的"百科"知识分开还是蛮有意义的。

然而,我们的大脑组织结构可能与众不同。语言为我们人类所特有:我们"有"语言,而我们的近亲却没有。不过应该说,语言随着智力的显著增长而进化。接下来的问题是,语言和智力之间究竟存在何种紧密联系。众所周知,语言不仅是一种交际手段,而且是一种思维方式,语言、智力与记忆力之间存在密切联系。我们现在还不是很清楚为什么要把"语言记忆力"(个人运用语言词汇的具体方式)看作单独进化而来的。

有无"言语中心"

有关语言控制区域"位置"的观点似乎更加经得起检验。长期以来,医学证据显示,大脑的某个区域与言语生成和理解有关。问题是,"有关"背后却没有更多发现了。

负责语言的关键区域一般来说位于大脑左侧。人脑结构类似核桃仁,两个相似形状的"半球"连在一起。它们的功能基本对称,分别控制着另一侧的肢体,并接受另一侧视界的输入。当然,上述功能与许多动物的功能基本相仿。两半球各司其职,对我们如何行动、如何理解世界分别起着不同的作用,如对于左撇

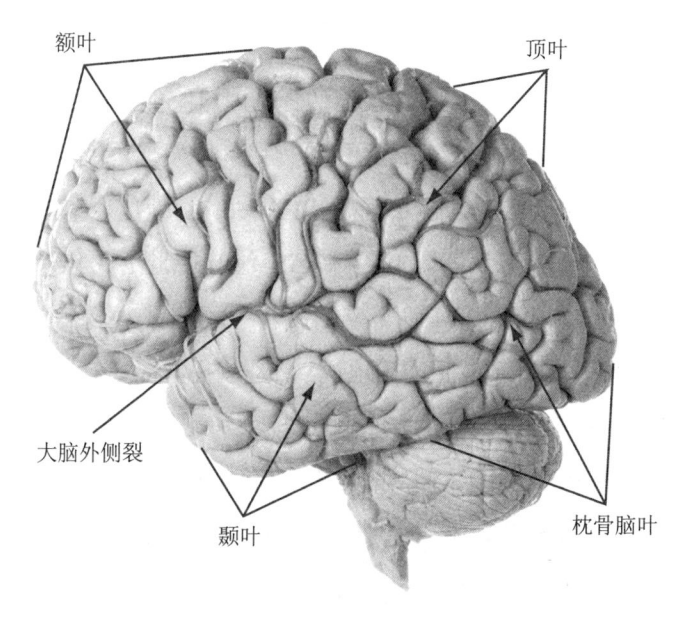

图17 人类大脑的左半球。左、右半球的大脑皮层均由四叶组成。大脑外侧裂将额叶与颞叶分开,位于"布罗卡区"的正下方

子而言，右半球在某一方面起到了支配作用。对于绝大多数人来说，左半球负责语言功能。以上结论主要来自对大脑受损人群所做的研究。这些人包括并不罕见的肿瘤和脑卒中患者、战争中脑部受伤者或交通事故受害者。在上述情形下，病人的言语往往受到影响，而且通常情况是他们的左半球受到了伤害。

大脑中存在两个与语言紧密相关的区域，被看作负责处理语言的"言语中心"（如果当真有这么个"言语中心"存在的话），并在一百多年前被命名（见方框）。随后，许多神经病学家对它们做了进一步研究。

"布罗卡区"和"韦尼克区"

第一区是以19世纪法国的一个内科医生保罗·布罗卡的名字命名的。他于1861年从一病例中发现，大脑内某一区域受伤会导致语言表达机能的丧失。另一区以德国神经病学家卡尔·韦尼克的名字命名。他于19世纪70年代报告了两个不同的病例。两区从侧面看，位于中心位置；从顶部看，则位于外部。更准确地说，"布罗卡区"位于额叶内部，就在大脑外侧裂的上方（见图17）。"韦尼克区"位置稍后，大约在太阳穴后面。以上介绍只能大概说明两区的位置，因为人类大脑在具体细节上存在差异。我们要切记许多病人的大脑实际上多处受损。

两种典型的语言障碍分别由此而被称为"布罗卡失语

症"和"韦尼克失语症"。"布罗卡失语症"的患者语言缺乏流利性和"语法","韦尼克失语症"的患者语言流利但缺乏"内容"。不同症状暗示着大脑受损区域的不同。有些研究人员由此做出进一步推断：语言处理的某些方面，如"言语计划"（"布罗卡区"）、句子结构控制（还是"布罗卡区"）或"言语理解"（"韦尼克区"）主要由这两区负责。上述结论的证据主要来自对脑部受损病例的研究报告，病人往往被要求进行笔头测试以判断他们理解句子的能力，他们的答案将与语言学家总结出的语法结构进行比较分析。对此类研究的假设应小心审慎，不可盲从。

有些证据在许多方面令人困惑不解。以20世纪40年代奥斯陆大学诊所的一个病例为例：病人（"阿斯特丽·L."）是一位挪威女性，其左侧大脑在1941年的一次空袭中受到严重创伤。她先是丧失知觉，脑浆溢出，X光显示左侧额叶受到大面积损伤。令人欣慰的是，这个故事有个圆满的结局。至1947年报告该病例时，她的身体已基本康复，并和丈夫育有一子。

她在医院刚苏醒时，右侧瘫痪，一句话也讲不出来，但后来逐渐好转，两年后，进入大学诊所时，她已能自主行走并与人进行流利的交谈。可是，她的言语"音调"发生了明显的变化，而且这种变化没有定式。报告中这样写道："她连词成句时，已不再是自然的挪威口音了。"尤为特别的是，一般句末音高该降低时，她往往会把音高升高,如在句子 *Jeg tok den* ("我拿了它")中,她会强调 *den*。这个词在正常言语中与 tok 合在一起,形成一个类似单词的单位。受伤三年后,她被要求参加一项测试,主要内容是辨别具有对立音高变化的一对单词的发音(挪威语里有这样的单词)。经测试发现,其他挪威人觉得她讲话带有德国口音。这在20世纪40年代可是件倒霉的事,当时德国纳粹未经宣战就占领了挪威,紧接着来了盖世太保。"阿斯特丽·L."刚进大学诊所时就曾抱怨说,人们在商店里拒绝为她提供服务。

那么她为何无法控制言语的这些方面呢?说话的"音调"问题并不在于控制音高本身。"阿斯特丽·L."在康复早期就能唱歌了,初到诊所时能唱得很好。为什么发展到这一阶段,她的音高仍出现问题呢?这确实令人费解。

许多调查分析了常常出错的情形。最糟的情况是病人根本不能正常言语,对听到的话也没有任何反应。这是退行性疾病如阿尔茨海默症发展下去的最终结果,退行性疾病逐步损害了老年人的部分大脑皮层。在其他情况下,人们至少能够正常地理解言语并按要求做某事,但他们的言语可能只是勉强将几个单词拼凑在一起而已。他们说的都是单词的原形,你在词典上都可以查得到。假设这样一个病人想告诉你花园里有几只猫。你也许能听到 cat 这个词,却没有复数词尾。在错误的开头或延迟之后,你可能会听到另一个词 *grass*,但它们不会和其他词如 *are* 或 *the* 组成一个连贯的句子。也许有的病人能够叽里呱啦地说上一通,问题是我们根本听不懂他们究竟在说些什么。可能有更明显的证据说明他们理解言语的能力已被大大削弱。还有些病人会用一些无意义的单词，就像刘易斯·卡罗尔小说中的那首诗《无意义的话》。类似 *And the mome raths outgrabe* 的句子(《无意义的话》的最后一行)并不是很难理解。这句话由 *and* 与上一句连接，*raths* 可能是复数形式，还有"raths"①也许正处于"momeness"②的状态。然而，卡罗尔的诗和类似的言语障碍的问题在于傻乎乎的史前山寨毫无意义。情况稍好些的病人讲话时，单词好像就在他们嘴边。如果他们按要求把刀递给你，至少说明他们知道刀是指什么。但是，如果他们自己想要刀的话，可能只会绕着圈子问：**我能有吗？……等等……你知道的，你用它切东西的。**

大多数有关语言控制区域的理论都建立在对此类病例的研究结果之上。我们这里所报告的主要是结果而非原因。用医学术语来讲，它们可被归为"综合征"，即症候群。如根据20世纪80年代初首先报告的症候，艾滋病被定义为一种综合病征("获得性免疫缺陷综合征")，接下来便是寻找导致该病的病原。我们现在面临的问题是，揭示怪异的行为方式与大脑某部位受损之间的联系。但是我们的研究范围是受限的。

一个明显的问题是"症候"，或不同形式的"精神障碍"，它们的判断依据是大家认为正常的行为。例如，病人可能会犯这样一个语法错误：*if Mary come tomorrow*，而没用 *comes*。正常人也会出现类似的口误，但病人一旦这么说了，就会被当作症候记录

---

① rath 意为"史前山寨"，指古爱尔兰酋长的住地和防御工事。——编注
② mome 意为"傻瓜""笨蛋"。——编注

· 121 ·

下来,临床医师会给它贴上一个标签。我们的观察本身就是主观的。再来看看"阿斯特丽·L."的情况吧。最近的调查将她身上出现的这种言语障碍称为"外国口音"综合征,据说它非常罕见。其实该术语并没有描述言语本身,而是强调社区中其他人(包括临床医生在内)对病人言语障碍的反应。G.H.蒙拉德-科恩在原始报告中新造了一个词"言语声律障碍",用它来表示音高的不正常等。然而,当有其他非正常现象存在,病人的言语不连贯时,就很难保证所有的"言语声律障碍"都能被连贯地记录下来。

另外,值得注意的是,语言处理过程远比某个受损病例呈现出的情形复杂得多。之所以称作"处理",部分是因为那些病人能够康复。从某种意义上讲,他们尽管被诊断出在语言"使用"过程中存在暂时的问题,却仍保留了语言中的单词及其组合规律的"知识"。当然,我们的讨论不仅涉及局内人对语言概念的理解,而且包括对我们自身所设计的信息系统的理解。我们姑且将大脑的运转方式想象成那样。即便如此,脑部受损的区域仍会对我们产生误导。

不妨将其与房子因电路起火做一比较。起火原因可能是某根保险丝烧断了,于是整间屋子陷入一片黑暗。那样的话,很快就能修复:如果没有保险丝,可以从别处找铅丝来替代。另外一个可能是,向电网供电的发电厂那边出了问题。但其他发电厂可以帮助解决供电问题。假设一条为整个小镇供电的输电线在暴风雨中被刮断,这将带来严重的后果。可能需要好几天才能修复,同时,一切用电设备将陷于瘫痪。然而,我们并不能因此断定说,由于线路瘫痪,发电厂不供电,所以发电的地方一定是受到了暴风雨的袭击。

将大脑与之相比也许并不很确切,但我们不要轻易对不确信或不理解的现象下结论。正如脑科学家所描述的,我们发现的受损部位很可能对一个庞大体系的"路径"产生影响。

将来的研究方向

以上讨论也许听起来较为悲观,但希望永远存在,总体来说,大脑研究的前途看起来确实一片光明。

首先,研究工具越来越先进。大脑扫描仪不仅有助于确定大脑受损的部位,而且能够观察到进行实验时大脑内部的活跃区域。最普通的技术是根据提供能量的血流量的增加来推断神经元的活动。为了维持大脑的正常运转,我们需要大量进食以提供能量。通过观察,我们可以间接测量为不同区域提供能量的多少。如果血流量大,则意味着细胞活动频繁。另一更具潜力的技术是通过跟踪细微的电流变化直接记录细胞的活动情况。当然,大脑扫描的应用远不止对讲话时发生的一切所做的研究。语言学是一门学科,它时刻准备着从揭示的现象中得到一些启示。

然而,研究正常人的大脑同样也很重要。诚然,我们身边不乏病人,而且随时可以接受测试。因此,人们设计各种各样的实验来研究受试者的活动模式,有些受试者行为反常,有些则是大脑不同区域受到损伤。但有一点应该切记,我们的发现可能部分取决于病人的大脑弥补大脑损伤的方式。

为了便于比较，不妨假设你的右手丧失功能，那么，必然有一些以前用两只手或右手做的事情，现在必须学会用左手去完成。如果你是右撇子，可能就不得不强迫自己用左手写字。显然，这将牵涉大脑和肌肉，并逐渐形成新的用手习惯。语言学家感兴趣的是大脑内部发生的事情。我们不能想当然，认为大脑受损后的运转方式就是其正常的运转方式减去受损部位受伤前的情形，这就好比通过观察某人切除一条手臂后把持物体的方式来调查之前他是如何抓握东西的。

因此，我们期望能有更多实验来扫描正常人的大脑。虽然这一希望或许听起来有点自相矛盾，但或许只有当我们充分意识到人类的大脑有多么神秘的时候，智慧的种子才能生根。

有一段时期，大脑常被比作数字计算机。在"硬件"层次上，神经元互相联系，电子信号沿着电路传递。当然，上述观点产生于神经学者发现大脑的化学过程之前（他们还不断有新的发现）。在"软件"层次上，许多研究者认为，如果我们能够抽象出大脑能够完成的一项任务，如找出一句话的句法结构，并通过编程让计算机完成这个抽象出来的任务，那么我们就可以从中直接得到结果，知道大脑系统是如何处理所接受的输入的。以上想法在计算机科学处于初级阶段时有一定的市场。但我们没有理由认定大脑拥有专门的"软件"系统，这些系统专门为较大任务（如言语理解）切分出的一系列子任务而设计。

事实上，我们并不知道大脑中发生的一切如何与某次经验（如理解一句话）发生联系。几乎在多数语言学家和心理学家展开讨论之前，"理解"就已经成为一种来自经验的抽象。"句子"更明显也是一种抽象，虽然它的有效性只充分表现在语言学家的研究层面。然而，也许在大脑的生理活动方式与我们观察、分析的行为之间，或两者间相互作用而产生的精神结构与印象之间，存在某种比我们想象中复杂得多的因果联系。

译名对照表

A

abstraction(s) 抽象
accent variation 语音差异
alarm calls 报警信号
analogies and homologies 类比和同源现象
'anatomically modern' humans "现代解剖人"
ancestral languages 祖先语言
antecedents 先行词
arts and science 文科和科学
Arabic 阿拉伯语
'aspirated' consonants "送气"辅音
'Astrid L.' "阿斯特丽·L."
Atatürk 土耳其之父
Australian languages 澳大利亚土著的语言
Austronesian 南岛语系

B

Babel 巴别通天塔
Bantu 班图语系
Barnes, Janet 珍妮特·巴恩斯
Bembo, Pietro 彼得罗·本博
Bengali 孟加拉语
bird song 鸟儿的歌声
Boas, Franz 弗朗兹·博厄斯
Boniface 博尼费斯

brain damage 大脑损伤
brain scanners 大脑扫描仪
brain size 大脑尺寸
brains and computers 大脑和计算机
branches of linguistics 语言学分支
'Broca's area' "布罗卡区"
Burmese 缅甸语

C

Cambodian 柬埔寨语
Cantonese 广东话
Carroll, Lewis 刘易斯·卡罗尔
case 格
cerebral cortex 大脑皮层
change and variation 变化和差异
change in language 语言的变化
chimpanzees 黑猩猩
Chinese 汉语，汉语语族
Chomsky, Noam 诺姆·乔姆斯基
comparative method 对比法
constraints 限制
contrasts 对立
correspondences and similarities 对应点和相似点
creole 克里奥尔语
cultural and genetic evolution 文化和基因的进化
cuneiform 楔形文字

D

Dalgarno, George 乔治·达尔加诺
Dante 但丁
diachronic and synchronic 历时的和共时的
dialects 方言
distributive 分离性的
Dravidian 达罗毗荼语系

E

Egyptian 古埃及语
emphasis 重音
evidentials 据素
evolution of language 语言的进化
'exceptions' "特例"
'exotic' and 'unexotic' "怪异的"和"非怪异的"

F

families of languages 语系, 语族
French 法语

G

'generate', generative grammar "生成", 生成语法
genders 性
genetic inheritance 基因遗传
German 德语
Germanic 日耳曼语族
gestures 手势
Gothic 哥特语
Greek 希腊语
Guaraní 瓜拉尼语
grammar and meaning 语法和意义
grammars and dictionaries 语法和词典
grooming 整饰

H

hemispheres of the brain 大脑半球
Hindi 印地语
Hittite 赫梯语
hominids 人科动物
Homo erectus 直立人
Homo habilis 能人
homologies and analogies 同源现象和类比
Hungarian 匈牙利语

I

idioms 习语
indeterminacy of language 语言的不确定性
Indo-European 印欧语系
International Phonetic Alphabet (IPA) 国际音标
Italian 意大利语

J

Japanese 日语
Javanese 爪哇语
jaw movement 颌运动
Jones, Daniel 丹尼尔·琼斯

K

Khmer 高棉语

L

Labov, William 威廉·拉波夫

language and languages 一种语言和多种语言
language and non-language 语言和非语言
language and thought 语言和思维
language change 语言变化
languages and dialects 语言和方言
languages as systems 语言作为系统
languages of the world 世界上的各种语言
'langue' and 'parole' "语言"和"言语"
Latin 拉丁语
layers of structure 结构层次
learning of language 语言学习
Lepschy, Giulio 朱利奥·莱普斯基
levels of abstraction 抽象层次
Levinson, Stephen 斯蒂芬·莱文森
Linear B 线形文字 B
'linguistic sign' "语言信号"
linguistics and archaeology 语言学和考古学
linking r 连接 r 音
lip movements 嘴唇运动

M

Malay 马来语
Mandarin 汉语普通话
Meillet, Antoine 安托万·梅耶
metalanguage 元语言
Middle English 中世纪英语
Mon-Khmer 孟–高棉语族
Monrad-Kohn, G. H. G. H. 蒙拉德–科恩
morphology 形态学

N

Navajo 纳瓦霍语,纳瓦霍人

neanderthals 尼安德特人
New York City 纽约市
non-vocal behaviour 非言语行为

O

'object language' "客观语言"
Old English 古英语
origin of language 语言的起源

P

'patois' "行话"
Paul, Hermann 赫尔曼·保罗
phonetics 语音学
phonology 音系学
pidgins and creoles 混杂语言和克里奥尔语
pitch, tone of voice 音高,声调
plurals in English 英语中的复数
Pope, Alexander 亚历山大·蒲伯
position in space 空间位置
production of speech 言语的产生

Q

Quechua 盖丘亚语

R

'r' in English 英语中的"r"
reconstruction 重建
redundancy 冗余
regular and irregular 规则的和不规则的
resonance 共鸣
robins 知更鸟
Roman empire 罗马帝国
Romance 罗曼语族

rules 规律

S

Sanskrit 梵语
Saussure, Ferdinand de 费尔迪南·德·索绪尔
schwa 非重央元音
science and the humanities 科学和人文学科
-self/-selves 反身代词
semantics 语义学
Semitic 闪语族
Shakespeare 莎士比亚
'short' vowels in English 英语中的"短"元音
singular and plural 单数和复数
sound units 声音单位
Spanish 西班牙语
speech and writing 言语和书面语
'speech centres' "言语中心"
speech disorders 言语障碍
stops 塞音
stress in IPA 国际音标中的重音
structural linguists 结构主义语言学家
Sumerian 苏美尔语
Swahili 斯瓦希里语
Sweet, Henry 亨利·斯威特
syllabic writing 音节书写体系
synchronic and diachronic 共时的和历时的
syntax 句法学

T

Tagalog 他加禄语
Tai 泰语语族
Tamil 泰米尔语,泰米尔人
Thai 泰语
Tibetan 藏语
Tolkien, J. R. R. J. R. R. 托尔金
tone of voice, pitch 声调,音高
tongue movements 舌头运动
turbulent air streams 湍急的气流
Turkic 突厥语族
Turkish 土耳其语
Tuyuca 吐优卡语
Tzeltal 佐齐尔语

U

Universal Grammar (UG) 普遍语法
Uralic 乌拉尔语族
Urdu 乌尔都语

V

variation in language 语言差异
Ventris, Michael 迈克尔·文特里斯
Verner, Karl 卡尔·维纳
Vietnamese 越南语
visible and invisible 看得见的和看不见的
vision 视力
vocal cord vibration 声带振动
vowel harmony 元音和谐
vowel length in IPA 国际音标中的元音长度
vowels in English 英语中的元音

W

Wakashan 瓦卡希语
Weinreich, Max 马克斯·魏因赖希

'Wernicke's area' "韦尼克区"
Witherspoon, Gary 加里·维瑟斯本
word meaning 单词意义
words 单词

writing, writing systems 书面语, 书写体系

Y

Yiddish 意第绪语

扩展阅读

Most general books on language and linguistics are textbooks aimed directly at undergraduate or postgraduate students. One that is not is David Crystal's *The Cambridge Encyclopaedia of Language*, 2nd. edn. (Cambridge University Press, 1997). There is also a good one-volume handbook, edited by Mark Aronoff and Janie Rees-Miller, *The Handbook of Linguistics* (Blackwell, 2000). Dictionaries of linguistics cover terminology especially: my own *Concise Oxford Dictionary of Linguistics* (Oxford University Press, 1997) is now available both in print and as part of *Oxford Reference Online*.

Linguistics is conventionally divided into several branches. Textbooks therefore tend to focus either on one branch specifically, or on branches seen as central. Two of the most successful general introductions are by Victoria Fromkin and Robert Rodman, *An Introduction to Language*, 6th edn. (Holt, Rinehart and Winston, 1998), and by Andrew Radford and others, *Linguistics: An Introduction* (Cambridge University Press, 1999). Another, longer text concentrates more narrowly on languages as systems of rules: Victoria Fromkin (ed.), *Linguistics: An Introduction to Linguistic Theory* (Blackwell, 2000).

The first separate branch, as many linguists see it, is phonetics: basically the study of how speech sounds are produced and perceived. For a leading introduction, by a distinguished researcher in this field, see Peter Ladefoged, *A Course in Phonetics*, 3rd edn. (Harcourt Brace,

1993). For the ways in which sounds are distinguished in different languages, see Peter Ladefoged and Ian Maddieson, *The Sounds of the World's Languages* (Blackwell, 1996).

Phonetics is distinguished from 'phonology', seen as the branch which deals with units of sound within a theory of languages as systems. For an introductory treatment see, for example, Philip Carr, *Phonology* (Macmillan, 1993). 'Morphology' is the branch which deals with grammatical contrasts within words: see, among others, my own introduction, *Morphology*, 2nd edn. (Cambridge University Press, 1991). 'Syntax' is the branch which deals with the relation between words and other units within sentences, and for many linguists is the most important. A student can usefully begin with Noël Burton-Roberts, *Analysing Sentences: An Introduction to English Syntax*, 2nd edn. (Longman, 1997); see too Rodney Huddleston, *English Grammar: An Outline* (Cambridge University Press, 1988), for a short account of English syntax and morphology in general. There are many introductions, at a technical level, to Chomsky's theory of syntax in particular: one both accessible and of moderate length is by Ian Roberts, *Comparative Syntax* (Arnold, 1997). For a presentation of Chomsky's life and work in general, by a prominent theoretician who has long been very sympathetic to his ideas, see Neil Smith, *Chomsky: Ideas and Ideals* (Cambridge University Press, 1999).

The study of meaning, in all aspects, is conventionally another branch, 'semantics'. Some textbooks actually treat semantics very narrowly: for a catholic account, by a distinguished scholar, see John Lyons, *Linguistic Semantics: An Introduction* (Cambridge University Press, 1995).

For many linguists other topics are peripheral, some very peripheral indeed. For the background to the origin of language, it is helpful to consult a general book on human evolution: see Steve Jones and others (eds.), *The Cambridge Encyclopaedia of Human Evolution* (Cambridge University Press, 1992). Two monographs on the diversification of language are both thought-provoking: Johanna Nichols, *Linguistic Diversity in Space and Time* (University of Chicago Press, 1992); Daniel

Nettles, *Linguistic Diversity* (Oxford University Press, 1999). So too is R. M. W. Dixon, *The Rise and Fall of Languages* (Cambridge University Press, 1997). Tore Janson, *Speak: A Short History of Languages* (Oxford University Press, 2002) is very readable.

For a popular introduction to how languages change, see Jean Aitchison, *Language Change: Progress or Decay?*, 3rd edn. (Cambridge University Press, 1991). For a general textbook in historical linguistics, by a leading specialist, see Lyle Campbell, *Historical Linguistics: An Introduction* (Edinburgh University Press, 1998); for a textbook introduction to the study of dialects, J. K. Chambers and Peter Trudgill, *Dialectology*, 2nd edn. (Cambridge University Press, 1998), from which I have adapted Map 1. Variation like that in New York is conventionally part of 'sociolinguistics': for a beginner's introduction see Janet Holmes, *An Introduction to Sociolinguistics*, 2nd edn. (Longman, 2002).

For the families of languages across the globe see, for example, the relevant articles in William Bright (ed.), *International Encyclopaedia of Linguistics*, 4 vols (Oxford University Press, 1992); a second edition, under a new editor, is in preparation. My dictionary of linguistics also has brief entries. The most recent survey of Indo-European in particular is by Robert Beekes, *Comparative Indo-European Linguistics: An Introduction* (John Benjamins, 1995). For a survey of different forms of writing, see T. Daniels and William Bright (eds.), *The World's Writing Systems* (Oxford University Press, 1996); for a relevant textbook, Florian Coulmas, *Writing Systems: An Introduction to their Linguistic Analysis* (Cambridge University Press, 2003).

For the human brain in general, see the popular introduction by Susan Greenfield, *Brain Story* (BBC, 2000), based on an excellent television series. For a recent introduction to the study of language in the brain, covering clinical evidence especially, see Loraine K. Obler and Kris Gjerlow, *Language and the Brain* (Cambridge University Press, 1999).